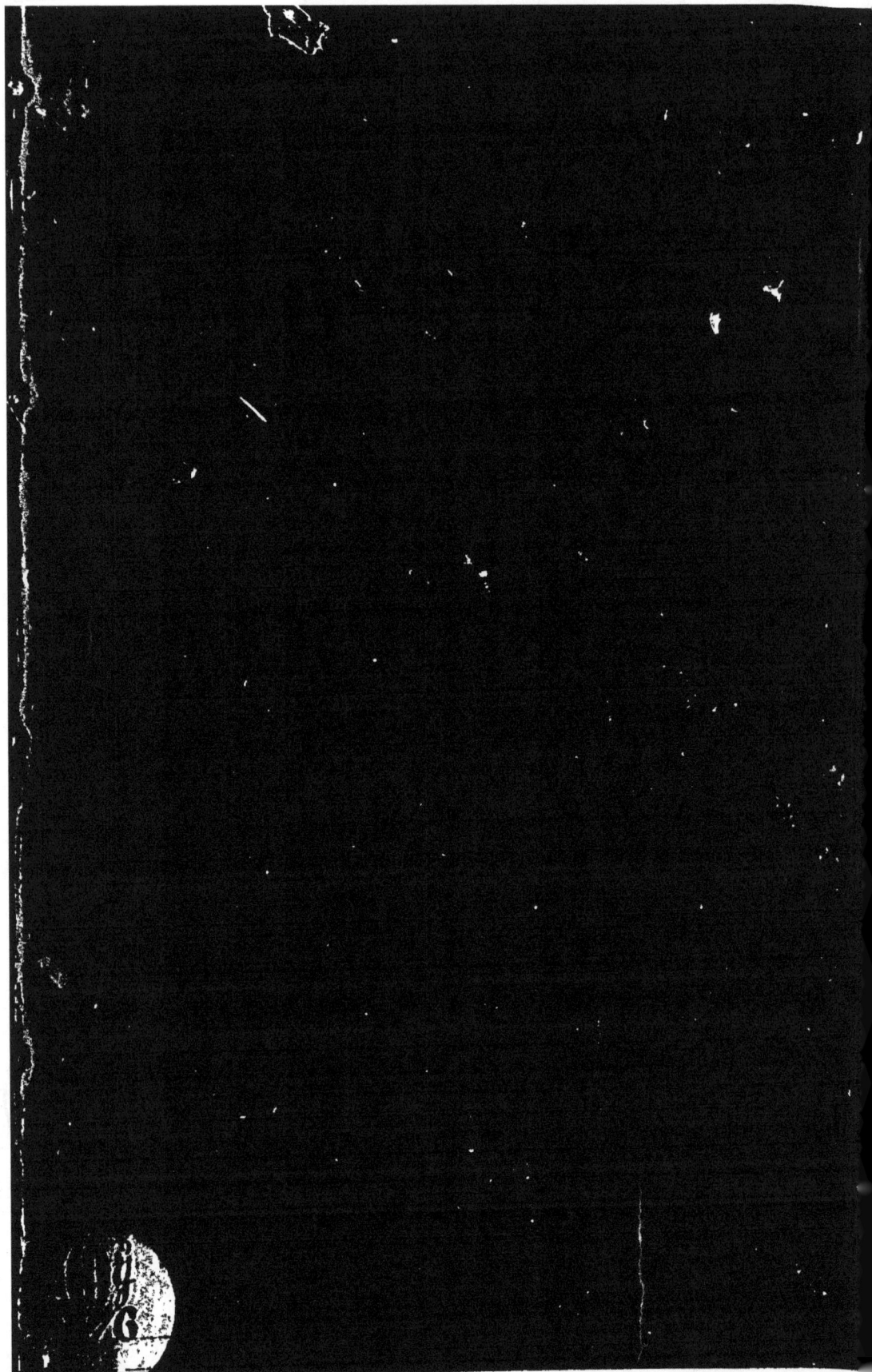

RELATION

D'UN VOYAGE DANS L'YÉMEN.

IMPRIMERIE DE Mme Vᵉ DONDEY-DUPRÉ,
rue Saint Louis, 46, au Marais.

RELATION

D'UN

VOYAGE DANS L'YÉMEN,

ENTREPRIS EN 1837

POUR LE MUSEUM D'HISTOIRE NATURELLE DE PARIS,

PAR PAUL ÉMILE BOTTA.

PARIS.

BENJAMIN DUPRAT,

LIBRAIRE DE LA BIBLIOTHÈQUE ROYALE ET DE LA SOCIÉTÉ ASIATIQUE DE LONDRES,

RUE DU CLOÎTRE SAINT-BENOÎT, 7.

1841

INTRODUCTION.

Pendant le cours d'un voyage que le Muséum de Paris m'avait chargé de faire pour recueillir les productions naturelles de la côte d'Arabie, j'ai eu l'occasion de parcourir quelques parties difficilement accessibles de l'Yémen, et d'y être témoin de quelques événements qui sont peut-être de nature à montrer sous un jour nouveau une partie de la population arabe que nous sommes habitués à considérer comme uniquement nomade. Pensant que les observations que j'ai eu la possibilité d'y faire peuvent ajouter quelque chose à ce que l'on sait sur cette contrée si intéressante par son antique civilisation, sa fertilité relative et le caractère spécial des Arabes qui l'habitent, je crois faire quelque chose d'utile en les publiant, quelque incomplètes qu'elles soient, comme toutes celles qu'il est possible de faire dans ce pays, où tant de difficultés s'opposent aux recherches des voyageurs.

Dans l'esprit des Européens, l'idée de l'Arabie s'associe presque toujours avec celle de désert et de population nomade; cela résulte naturellement de ce que les portions de cette contrée voisines des pays avec lesquels l'Europe a des rapports fréquents, celles aussi qui ont joué dans l'histoire biblique ou musulmane un rôle important et ont étendu jusque sur nous leur influence, sont effectivement désertes ou plutôt stériles, et ne peuvent être habitées que par des peuples pasteurs transportant d'un lieu à l'autre leur domicile momentané, selon les besoins de leurs troupeaux. Il n'y a pas d'autre manière de vivre possible dans ces parties de l'Arabie; et c'est pour cette raison, sans aucun doute, que les usages des Arabes sont restés immuables depuis les premiers âges de l'espèce humaine ; ils n'ont pas changé, parce que leur climat et la nature des conditions physiques au milieu desquelles ils vivent n'ont pas changé, et telles qu'elles sont ne comportent pas une autre existence.

Mais, quoique généralement les caractères physiques de l'Arabie soient tels qu'on se les figure, et tels aussi que la population y soit nécessairement nomade, il y a cependant dans une aussi vaste contrée des points qui échappent à la règle commune. D'abord les besoins du commerce ont nécessité sur les côtes l'agglomération fixe d'un certain nombre d'habitants et la fondation de plusieurs villes, dont quelques-unes ont été ou sont encore considérables. En outre, quelques espaces de terrain sont cultivables et sont soumis chaque année à l'arrosement des pluies tropicales, ou peuvent, par le travail de l'homme, recevoir une irrigation artificielle. Dans tous ces endroits, l'Arabe, quoique peut-être il ait toujours au fond du cœur un instinct vagabond, s'est attaché au sol par la propriété et la culture, a bâti des demeures fixes, et les rapports constants et réguliers des individus entre eux leur ont naturellement donné des mœurs plus douces et un certain degré de civilisation.

Ces changements ont eu lieu principalement dans les parties montagneuses, qui seules offrent des sources permanentes, et par conséquent la certitude de l'irrigation, sans laquelle, dans la plus grande partie de l'Arabie, il n'y a pas de culture possible. Mais c'est surtout dans l'Yémen, plus favorisé sous ce rapport, et où, à cause de sa situation méridionale, les pluies sont plus régulières et plus fréquentes, que la culture du sol a complètement fixé les Arabes et leur a permis d'atteindre une civilisation plus avancée. Pendant long-temps aussi ce pays a été en quelque sorte l'entrepôt du commerce entre l'Inde et l'Occident ; aussi a-t-il été le siége d'un des plus anciens royaumes de la terre, et la richesse de ses habitants était-elle devenue proverbiale, comme son nom indiquait le bonheur dont ils jouissaient. L'Yémen mérite donc à plus d'un titre l'attention, surtout si l'on considère sa position à l'entrée de la mer Rouge et le retour probable du commerce par cette ancienne voie.

Personne n'ignore que l'Yémen a été dans le dernier siècle exploré par une compagnie de savants danois dont Niebuhr faisait partie, et à laquelle il a seul survécu pour en publier les travaux. L'exactitude de ce savant dans la description de ce qu'il a vu a été telle, que je n'aurais pas songé à publier le résultat de mes propres observations, si je n'avais eu l'occasion de visiter quelques points dont il n'a pu approcher, ou s'il n'était utile de constater les changements apportés par le temps dans ce qu'il a pu voir. En outre, si j'ose exprimer une critique, l'ouvrage de Niebuhr me semble un peu empreint de l'esprit de son temps, et son attention s'est plutôt portée sur des minuties scientifiques et sur des détails vrais, mais peu intéressants, que sur les traits généraux de ce qui était sous ses yeux. Comme l'ouvrage de Burckhardt sur l'Arabie, celui de Niebuhr est un excellent répertoire de faits matériels observés avec exactitude et décrits avec minutie; mais on y chercherait vainement, je crois, une peinture de l'esprit et du caractère des Arabes, et après l'avoir lu on les connaîtrait peu.

Le but que je me suis proposé a été principalement de compléter les renseignements de ces voyageurs; aussi me suis-je attaché à décrire ce qui a rapport à l'Arabe de l'Yémen, ce qui peut servir à faire connaître sa vie, ses passions et son caractère, de préférence aux faits matériels, au sujet desquels je n'aurais presque rien à ajouter aux observations de Niebuhr. Enfin je prie le lecteur de remarquer que ma route dans les montagnes ayant été dirigée par des circonstances indépendantes de ma volonté, il ne doit pas s'attendre à trouver dans ma relation le récit d'une entreprise déterminée, d'une

marche sur un but donné. Je suis allé où j'ai pu
aller, où l'on m'a conduit, et en décrivant ce que
j'ai vu je n'ai pu que suivre l'ordre de ma marche
et raconter simplement, à mesure qu'ils se sont
présentés à moi, les événements que j'ai trouvés intéressants et les faits dont le caractère m'a paru assez curieux pour mériter d'être soumis au public.

RELATION
D'UN VOYAGE DANS L'YÉMEN.

CHAPITRE PREMIER.

Après un séjour de quelques mois dans les parties septentrionales de la mer Rouge, je partis de
Djidda sur une grande barque árabe, chargée de
lentilles pour la subsistance des troupes stationnées
dans l'Yémen; et après une traversée semblable à
toutes celles que font les navigateurs arabes, c'est-
à-dire mettant à la voile le matin et jetant l'ancre
le soir pour passer la nuit à l'abri de quelque ré-
cif, j'arrivai à Hodeïda à la fin de septembre 1836.
Le soleil était déjà couché quand je descendis à
terre. J'allai d'abord faire une visite au gouver-

neur, Hussein-Effendi, qui, né et élevé à Belgrade,
et ayant eu par conséquent de fréquents rapports
avec les Européens, me reçut très-bien et avec cette
politesse qui caractérise les Turcs. Mais chez lui,
comme chez la plupart de ses compatriotes, se cachait la fausseté et le manque de cœur. Je me fis
conduire chez un négociant du pays pour lequel
ensuite j'avais une lettre de crédit, le cheikh Abou-
becr-Cahtân, nom très-commun dans l'Yémen, et
d'une haute antiquité, puisque c'est celui que les
Arabes donnent au patriarche que nous nommons
Joctan. Cet homme, très-riche et très-considéré, de la
bonne foi et de la probité duquel je reçus plusieurs
preuves, était né dans le Hadramaut, et, comme
beaucoup de ses compatriotes, était venu chercher
et avait trouvé la fortune dans l'Yémen. Les principaux négociants de l'Yémen et même du Hedjaz
sont en effet des hommes appartenant aux classes
inférieures et aux tribus méprisées du Hadramaut,
qui s'expatrient momentanément et ne retournent
dans leur pays natal que lorsque l'argent qu'ils
ont amassé peut leur assurer là, comme il le fait
partout, une position honorable et faire oublier la
bassesse de leur origine. Le cheikh Cahtân avait
plusieurs grandes barques avec lesquelles il faisait
le commerce du golfe Persique et de l'Inde même,
et la fortune qu'il possédait déjà lui permettait de
songer à un retour dans sa patrie.

C'était un homme simple, d'un teint très-blanc pour un Arabe, d'une belle physionomie, et vêtu aussi simplement qu'il est possible de l'être, comme le sont en général les habitants de cette côte, c'est-à-dire n'ayant pour tout vêtement qu'une serviette autour des reins et une calotte de coton brodée en soie sur la tête, le reste du corps étant entièrement nu. Après un modeste souper qu'il me fit servir, et le café qu'il me fit boire, selon l'usage de l'Yémen, dans des tasses parfumées avec de l'encens, ce qui pour moi lui donne un goût très-désagréable, je passai la nuit chez lui, et le lendemain il loua pour moi une petite maison dans laquelle je me logeai.

Je fus forcé de passer quelques jours à Hodeida pour attendre le retour d'Ibrahim-Pacha, neveu du pacha d'Égypte et gouverneur de la partie de l'Yémen conquise par les Égyptiens. A cette époque ceux-ci n'avaient encore fait aucun progrès dans l'intérieur, et leur domination se bornait aux villes de la côte ; mais, sachant habilement tirer parti de l'esprit de discorde qui caractérise les Arabes, ils travaillaient sourdement à préparer le succès des diverses tentatives qu'ils firent après mon départ pour s'emparer des montagnes. Le jeune iman qui régnait alors à Sana s'était rendu odieux dans l'Yémen par la faiblesse de son gouvernement et ses vices personnels ; déjà un de ses

oncles s'était établi à Taaz, avait pris le titre d'i-
man et rassemblait une armée pour détrôner son
neveu. D'autres chefs puissants s'étaient aussi
rendus indépendants, et le désordre et la misère
résultant des prétentions des divers compétiteurs
faisaient désirer aux habitants un changement
quelconque de gouvernement qui mit le pouvoir
dans des mains plus fortes et plus capables de ré-
tablir l'ordre et de ramener la paix dont ils étaient
depuis long-temps privés.

La puissance de Mohammed-Aly était la seule
qui par sa prépondérance pût leur offrir un avenir
de tranquillité stable, et les dispositions des Arabes
étaient en général loin de lui être hostiles. Culti-
vateurs et industrieux, ils n'auraient pas répugné
à rentrer sous le joug des Turcs, qu'ils avaient déjà
subi anciennement, et à acheter le repos nécessaire
à leurs travaux au prix de leur turbulente indépen-
dance. Déjà Ibrahim-Pacha était parvenu à attirer
dans son parti un des chefs les plus puissants de
l'Yémen, le cheikh Hassan-ben-Jahia-ben-Aly-
Saad, qui, après avoir été long-temps gouverneur
de la province de Taaz pour les imans de Sana,
s'était maintenu indépendant dans la partie des
montagnes qu'on appelle l'Ozab-el-Asfal, et avait
joué un rôle important lors de la révolte de Turki-
Bilmez contre le pacha d'Égypte et l'invasion des
Arabes de l'Asyr. Ceux-ci le laissèrent gouverneur

de Moka, où il resta jusqu'à ce que les troupes du pacha s'en fussent emparées. Lors de la prise de cette ville, le pacha, voulant ménager le cheikh Hassan et le récompenser de ce qu'il n'avait fait aucune résistance, le laissa seigneur indépendant de la province de Hais et de toute la partie avoisinant cette ville.

Comme il m'eût été impossible de voyager dans l'intérieur sans l'assentiment et la protection du cheikh Hassan, je voulus obtenir d'Ibrahim-Pacha qu'il m'appuyât de son influence auprès de lui; et en attendant son retour, je m'occupai à recueillir tous les renseignements qui pouvaient m'être nécessaires.

Outre un grand nombre de cabanes construites de branchages et recouvertes en chaume, que l'on appelle Eshshé, la ville de Hodeida contient de belles maisons bien bâties en briques, blanchies à la chaux, auxquelles leurs toits en terrasses entourés d'une balustrade à jour de divers dessins donnent une certaine apparence italienne. Les fenêtres sont fermées, comme dans presque tout l'Orient, par des cages faisant saillie sur la rue et composées de grillages en bois, découpés de diverses manières et véritables chefs-d'œuvre de goût et de patience. Les portes aussi sont, de même qu'à Djidda, sculptées avec beaucoup plus de perfection certainement que beaucoup d'anciens coffres très-admirés actuellement chez nous.

Les rues y sont plus larges et plus propres que dans les villes d'Égypte; mais les bazars sont petits et sales; et j'évitais surtout d'y passer pour ne pas être péniblement affecté par la vue de nombreux mendiants atteints d'une plaie gangreneuse très-commune sur la côte et incurable chez les individus qui n'ont pas les moyens de bien vivre. Ces malheureux languissent et meurent souvent dans les rues sous les yeux des passants, sans que personne songe à les soulager. La ville en était remplie, et cependant trois mois auparavant le choléra, dans une apparition de quelques jours, en avait enlevé un nombre considérable. Un médecin français au service d'Ibrahim-Pacha lui avait proposé de fonder un hôpital pour les recueillir et les traiter, offrant de les soigner gratuitement; mais comme il aurait fallu les nourrir, le pacha refusa.

La population de Hodeida est très-mélangée; les principaux négociants sont, comme je l'ai déjà dit, originaires du Hadramaut. On y trouve aussi quelques Juifs et Arméniens et des Banians; ces derniers ont la liberté de suivre leur culte, mais non d'amener leurs femmes dans la ville; aussi n'y restent-ils que le temps nécessaire pour faire fortune. Ils ont soin de nourrir tous les pigeons de la ville par des distributions régulières de grains qu'ils répandent sur les toits de leurs maisons; leur bienfaisance s'étend même jusque sur les chiens, dont la race est exactement la même que dans le reste de l'Orient ; mais ces animaux ne sont pas admis dans la ville, d'où on les chasse s'ils y entrent, et ils se tiennent hors des murs, où tous les matins on leur fait une distribution de viande achetée par les Banians. Mais la race la plus remarquable que l'on trouve à Hodeida et sur toute cette côte jusqu'à Djidda est celle des Saumalis, qui, avec un teint complétement noir, ont de longs cheveux et des traits tout-à-fait européens. Habitants de la côte opposée, ils ne viennent à Hodeida que pour y vendre du beurre, des moutons et d'autres produits de leur pays. C'est une race superbe par ses formes, très-fière et très-courageuse, dont la langue est, je crois, la même que celle des Bicharris, tribu habitant entre le Nil et la mer Rouge, et ayant avec les Saumalis beaucoup de traits de ressemblance. Vêtus d'une ample pièce d'étoffe de coton qu'ils drapent comme une toge, chaussés de sandales très-bien travaillées, et armés d'un couteau ou poignard qu'ils portent attaché au bras, les Saumalis sont surtout remarquables par leur énorme chevelure ébouriffée, qu'ils taillent et arrangent d'une façon singulière. Quelques-unes de ces coiffures, comme celles du Sennar, ressemblent exactement à celles que l'on trouve peintes dans les hypogées égyptiens.

N'ayant qu'un port ou plutôt qu'une rade très-dangereuse, la ville de Hodeida n'en fait pas moins

un commerce considérable ; il l'était encore plus
avant que le pacha d'Égypte n'eût pris en quelque
sorte le monopole du café, s'en réservant la moitié
et abandonnant l'autre aux négociants, mais leur
interdisant le débouché de l'Égypte, où seul il voulait avoir le droit de le vendre. C'est en partie à
Hodeida que les navires de l'Inde et du golfe Persique, revenant de Djidda, où ils ont vendu leurs
marchandises pour de l'argent comptant, achètent
une cargaison de retour, composée principalement
de café, de gomme, d'encens, d'ivoire, etc., produits de la côte opposée. C'est aussi là que sont
apportées les perles pêchées dans les iles et récifs
nombreux situés en face de Loheia. Les Banians,
maîtres exclusifs de ce commerce, les envoient
dans l'Inde, où elles sont en général plus estimées
que celles du golfe Persique, à cause de leur belle
couleur rose. J'ai eu l'occasion de voir chez le
cheikh Abou-becr-Cahtân un collier ou chapelet
destiné au pacha d'Égypte, et dont le prix était
évalué à plus de 50,000 francs.

Ibrahim-Pacha ne tarda pas à revenir de Moka,
où il était allé, et j'obtins de lui une lettre de re-
commandation pour le cheikh Hassan ; il me la
donna d'autant plus volontiers, qu'il espérait qu'à
mon retour je voudrais bien lui fournir des renseignements positifs sur l'état du pays. Je pris aussi
une lettre d'un Turc nommé Jousouf-Agha. Cet

homme, établi depuis long-temps dans l'Yémen et mêlé à toutes les intrigues politiques du pays, avait su conserver une grande influence auprès de tous les gouvernements qui s'étaient succédé; il était alors mowawen ou conseiller d'Ibrahim-Pacha, ce qui ne l'empêchait pas de conserver des relations intimes non seulement avec les partisans des Turcs, mais même avec l'iman de Sana. Cependant, voulant éviter, autant que possible, dans l'état si douteux de la politique du pays, que l'on crût que j'eusse avec le gouvernement turc des relations positives, je repris le costume européen, que j'avais quitté depuis long-temps; et je n'eus pas lieu de m'en repentir, car, s'il m'exposa souvent à une curiosité importune, il m'attira au moins plus de respect et éloigna les soupçons.

Après avoir terminé à Hodeida les divers préparatifs de mon voyage, j'en partis le 1er octobre au soir, accompagné de trois domestiques égyptiens, et précédé d'un guide. Cette précaution était d'autant plus nécessaire dans le Tehama (c'est ainsi qu'on nomme la plaine qui borde la côte), qu'en traversant les portions cultivées, les routes suivent les crêtes tortueuses et compliquées des levées de terre que les habitants font autour de leurs champs pour retenir les eaux des pluies ou celles qu'ils dérivent des torrents descendant des montagnes. Il est facile de s'y perdre, et plus d'une fois cela nous est arrivé, malgré le secours du guide. J'avais envoyé en avant mes effets, portés par des chameaux. Quant à moi, j'avais acheté pour monture un de ces ânes qui, nés dans les montagnes, sont plus propres à y voyager qu'aucune espèce d'animaux. Ils sont très-grands, très-forts, plus dociles que les mulets, dont ils égalent presque la taille, et auxquels ils ne le cèdent en rien pour la sûreté de leur pas. Aussi sont-ils tellement estimés, que leur prix égale et surpasse même quelquefois celui des chevaux.

En sortant de Hodeida, nous traversâmes des plaines sablonneuses, stériles, ou couvertes de plantes salines, dont les habitants se servent pour fabriquer de la soude, et tellement abondantes sur toute cette côte, que la soude qu'on en extrait pourrait donner lieu à une exportation considérable, si l'on apportait plus de soin ou d'intelligence à sa préparation. Vers minuit nous nous arrêtâmes dans un village, et avant le jour nous en repartîmes. Comme la direction de notre route sur Beit-el-Fakih nous éloignait alors un peu de la mer, le terrain devint meilleur, et nous traversâmes un pays bien cultivé et couvert de champs de blé, de doura, de cannes à sucre ou d'indigo. Cette dernière plante est très-commune et croît très-bien dans l'Yémen; mais l'indigo qu'on en extrait, étant mal préparé, n'a aucune valeur commerciale. Cependant, à cause de son abondance, je crois que pour un Européen instruit dans l'art de sa préparation, l'établissement d'une fabrique serait une spéculation profitable.

Je m'arrêtai sur le milieu de la journée dans un petit village dont les rares cabanes, dispersées au milieu d'un bois de mimosas, me rappelèrent les villages de Sennar. Elles étaient construites en branches d'arbres et couvertes de chaume, mais différaient de celles de l'Afrique par leur forme, qui est carrée, tandis que celles des nègres du Sennar sont rondes, pointues et ressemblent à des meules de foin. La végétation naturelle des environs ressemblait aussi beaucoup à celle de l'intérieur de l'Afrique, et un grand nombre de plantes me parurent exactement les mêmes.

Après quelques moments de repos, je me remis en route, et avant le coucher du soleil j'arrivai à Beit-el-Fakih, grande ville autrefois florissante, mais presque ruinée depuis que son port Ghalefka a été comblé par les sables, et qu'en conséquence le commerce du café s'est transporté à Hodeida et à Moka. Craignant d'être importuné par la curiosité des habitants, je n'entrai pas dans la ville et passai la nuit dans un café semblable à ceux que l'on trouve sur toutes les routes de l'Yémen ; c'était une hutte ou plutôt un hangar de branchages où l'on pouvait se procurer de l'eau, du feu, un serir, espèce de cadre supporté par quatre pieds, sur lequel on couche, et du café ou du kisher. Le kisher est la

pulpe qui entoure la graine du café, et dans l'état
frais ressemble à celle de la cerise anglaise; on la
dessèche, et on en fait une décoction que les habitants boivent chaude à tous les instants de la journée;
elle est douce, sucrée, a un peu le parfum du café,
et participe de ses propriétés excitantes. On sup-
pose que c'est par économie que les Yéménites
usent de cette boisson de préférence au café préparé
comme on le fait ailleurs, et dont ils réserveraient
la graine pour la vendre; mais je ne le crois pas, car
cet usage est général dans toutes les classes : riches
et pauvres boivent le kisher à tous les moments de
la journée, et ce n'est qu'après leurs repas qu'ils
boivent le café, dont les propriétés sont, disent-
ils, trop échauffantes dans leur climat pour qu'on
en fasse un usage fréquent.

    Le lendemain, avant le jour, je partis de Beit-
el-Fakih et arrivai le soir à Zebid, autrefois capitale
du Tehama, grande ville entourée d'une muraille
ruinée et contenant de belles maisons fort bien bâties en briques. La journée suivante fut employée
à chercher d'autres chameaux pour transporter
mes effets jusqu'à Hais, et ce ne fut que le soir que
je pus partir, accompagné de deux guides et deux
soldats du cheikh Hassan, sur le territoire duquel
j'allais entrer.

    En sortant de la ville, nous traversâmes le Ouadi
Zebid, le plus considérable des torrents qui descen-

dent des montagnes et dont les eaux dérivées par les habitants fertilisent un vaste pays. Bientôt après, au commencement de la nuit, les guides se trompèrent de chemin, et après avoir erré quelque temps, nous nous trouvâmes perdus au milieu d'une vaste plaine que nous parcourûmes inutilement dans tous les sens pour retrouver la route. Ne pouvant y parvenir, je pris la résolution de passer la nuit là où nous nous trouvions, et déjà mes effets étaient déchargés, lorsque, ayant entendu dans l'éloignement les aboiements des chiens, sons bien appréciés par quiconque a voyagé dans les déserts, je tirai quelques coups de fusil pour appeler les Arabes campés dans le voisinage. Ils vinrent effectivement, et pour une légère récompense consentirent volontiers à nous conduire à un café où nous passâmes la nuit. Le lendemain, peu après le lever du soleil, j'arrivai à Hais.

CHAPITRE II.

Aussitôt après mon arrivée à Haïs, on me conduisit à une maison que le cheikh Hassan, prévenu de mon arrivée, avait fait préparer pour moi. A peine y fus-je installé, que le cheikh envoya son moucaddem ou majordome pour me complimenter sur mon heureuse arrivée, et me dire de sa part qu'il me considérait comme son hôte et que tout ce dont je pourrais avoir besoin me serait fourni gratuitement. Comme premiers témoignages de son hospitalité, on m'apporta plusieurs moutons, de la farine, du beurre, du café, des bougies, etc., tout ce qui pouvait m'être nécessaire enfin, et j'entendis publier dans la ville une défense aux habitants de rien recevoir de moi sous aucun prétexte, le dola, c'est ainsi qu'on appelle les gouverneurs dans l'Yémen, se chargeant de les payer de ce que je prendrais chez eux, ou des services qu'ils me rendraient.

Cette générosité n'est poin; un trait particulier
au caractère d'un individu; chez les Arabes, l'hospitalité envers les étrangers a toujours été considérée
comme le droit du souverain : un des rois du paganisme, Koulaib-Waïl, n: souffrait pas que personne allumât un feu auprès du sien, c'est-à-dire
fît concurrence avec lui pour l'hospitalité; et de
nos jours, l'un des rois wahhabites, le célèbre
Sooud, fut sur le point de déshériter son fils aîné,
Abd-Allah, pour avoir donné à dîner à des étrangers, contrairement à son privilége. De même dans
l'Yémen, les imans ont toujours regardé comme un
attribut de la souveraineté ce privilége d'hospitalité;
et autrefois, ainsi qu'on peut le voir dans la relation de Niebuhr, ils subvenaient aux besoins des
voyageurs, et même à leur départ leur donnaient
une somme d'argent qui pût les aider à continuer
leur voyage. Le cheikh Hassan, se considérant
comme indépendant, ne faisait donc, en me trai-
tant avec tant de générosité, que suivre un usage
reçu et s'arroger une des prérogatives de la puissance souveraine.

Dans l'après-midi, on vint m'avertir que le
cheikh Hassan m'attendait, et je me rendis au beit-
el-doula ou palais du gouverneur. C'était une enceinte de bâtiments et de tours solidement construits
en briques, et pouvant résister long-temps à des
troupes dépourvues d'artillerie comme le sont les

Arabes; on y entrait par une seule porte suivie d'un passage voûté, de chaque côté duquel, sur des estrades ou des serirs, étaient assis ou couchés des soldats du cheikh, dont les longs fusils à mèche étaient suspendus à la muraille. A ce passage succédait une cour entourée d'écuries et d'étables, et paraissant plutôt appartenir à une ferme de paysans qu'à la maison d'un prince souverain. Après quelques minutes d'attente, je fus introduit auprès du cheikh, que je trouvai debout, probablement pour ne pas compromettre sa dignité en se levant à mon approche. Il me reçut dans une grande salle entourée de coffres ou bahuts indiens remplis d'ustensiles de ménage ou d'effets personnels, et à l'extrémité de laquelle était un divan sur lequel il me fit asseoir auprès de lui.

Son costume était simple et semblable à celui des négociants aisés de Djidda et de l'Yémen; il portait un caftan ou robe de soie et un beniche rouge; un châle de cachemire formait sa ceinture, à travers laquelle était passé un de ces longs poignards recourbés, à fourreau d'or ciselé, que les Arabes nomment djembié. Son turban était formé d'une calotte de soie brodée de diverses couleurs, comme on les porte dans le midi de l'Arabie, autour de laquelle était roulée une pièce d'étoffe de mousseline des Indes. Mais là partie la plus singulière de son accoutrement était un petit châle de laine avec

lequel il s'enveloppait tout le bas de la figure pour
cacher un défaut personnel honteux chez les Arabes :
le cheikh n'avait aucune trace de barbe ni de mous·
taches ; singularité qui, jointe à sa voix grêle et à la
délicatesse de ses mains presque féminines, aurait
pu inspirer quelques doutes sur sa virilité, si de
nombreux enfants, portraits vivants de leur père,
n'eussent témoigné en sa faveur. Ce châle ne laissait voir que le haut de la figure du cheikh, qui
avait tous les caractères de celle des Yéménites en
général, un nez aquilin et de grands et beaux yeux
très-ouverts, et rendus plus expressifs encore par
l'usage du collyre avec lequel, comme tous ses
compatriotes, il se teignait en noir le bord des paupières. La douceur de ses manières et de sa physionomie faisaient un singulier contraste avec son
courage, pour lequel il était célèbre dans toute
l'Arabie, et avec l'énergie de son caractère, qui ne
reculait jamais devant les moyens nécessaires pour
arriver à ses fins. En le voyant, on n'aurait jamais
pu croire à la vérité de son histoire, qui m'a cependant été attestée par son fils même : il n'avait
pas certainement la physionomie d'un homme qui,
pour se débarrasser de rivaux en puissance, avait
tué de sa main ses deux frères et son oncle, père
de sa première femme ; mesures un peu violentes,
mais excusables et très-excusées chez les Arabes, à
cause du motif, qui n'était autre que l'ambition.

Après les compliments d'usage, je lui remis la
lettre d'Ibrahim-Pacha, et après en avoir pris connaissance, il m'assura qu'il me prenait sous sa protection, et que dans peu de jours il partirait pour
les montagnes, où je pourrais l'accompagner en
toute sûreté, et me livrer aux recherches pour
lesquelles j'avais été envoyé, et dont il parut bien
comprendre l'intérêt, sinon scientifique, au moins
médical. Comme à ce sujet je lui parlais de l'ancien et toujours intéressant voyage fait par Niebuhr
et ses compagnons, et lui exprimais le regret que
j'avais de voir l'état de décadence où de mauvais
gouvernements avaient réduit son pays, autrefois si
riche et si florissant, la conversation se trouva naturellement amenée sur l'état actuel des choses,
et le cheikh me parla alors de ses projets et du
désir qu'il avait de contribuer au rétablissement
de l'ordre en aidant le pacha d'Égypte à saisir le
pouvoir. Je suis convaincu que dans le fond du
cœur il le désirait pour lui-même, et ne voyait
dans les Turcs qu'un instrument pour l'établissement de sa propre autorité; car la haine de l'é-
tranger est un sentiment si naturel aux Arabes;
et si puissant dans leur cœur, qu'il n'est pas probable que chez aucun d'eux il cède à la raison, et
encore moins à l'amour du bien public.

L'heure de l'asr ou prière de l'après-midi étant
arrivée, on apporta au cheikh un immense panier

rempli de pains, qu'il distribua, selon son usage, par la fenêtre aux nombreux mendiants qui attendaient au dehors cette largesse. Je me retirai ensuite très-content de l'affabilité du cheikh Hassan, et de l'assurance qu'il m'avait donnée de pouvoir le suivre dans l'intérieur.

Je restai plusieurs jours à Hais, occupé à herboriser aux environs. Cette ville est située au milieu d'une plaine qui pénètre un peu dans la chaîne des montagnes, entre Djebel-Ras au N. E., et le mont Ounbaracha au S. O., et dont le sol est formé par un terrain de transport ou d'alluvion. Pendant la saison des pluies, elle est arrosée par un ruisseau ou torrent qui, pendant la saison sèche, se perd immédiatement en entrant dans la plaine, comme le font toutes les rivières de l'Yémen. Les bords du ruisseau sont cultivés comme dans le reste du Tehama, c'est-à-dire que les habitants font autour de leurs champs des levées de terre pour y conduire les eaux et les y retenir; ils y sèment de l'indigo, du blé, du sésame pour faire de l'huile, du doura, des cannes à sucre, etc. Les parties non cultivées de la plaine sont stériles, et on n'y trouve que quelques rares arbrisseaux, dont le seul remarquable est le belissan, arbre qui fournit le baume de la Mecque, et dont les habitants coupent les jeunes branches pour s'en servir comme de brosses à dent, à cause de leur odeur agréable.

La ville de Hais est toute ouverte, sans autre défense que le château du gouverneur ; les maisons sont bâties en briques, et, comme celle que j'habitais, ne consistent qu'en un étage divisé en plusieurs pièces, et formant l'un des côtés d'une cour dans laquelle sont généralement plantés quelques arbrisseaux ; cependant la plus grande partie des habitants logent dans des cabanes de chaume entourées d'une haie de branches épineuses. On ne fait à Hais d'autre commerce que celui des poteries, pour la fabrique desquelles cette ville est célèbre dans tout l'Yémen. La matière première est une roche argileuse que l'on réduit en poudre, et qui, par la cuisson, forme des poteries assez solides, destinées à toutes sortes d'usages, telles que des tasses à boire le kisher, des plats et des vases de diverses espèces. C'est le seul endroit de l'Arabie où l'on sache appliquer un vernis aux poteries, et l'on y fabrique des faïences vernissées, soit vertes, soit jaunes ou bleues, dont on se sert comme de lambris pour orner les maisons.

Selon son habitude, le cheikh Hassan se tenait constamment renfermé dans son harem et se laissait rarement voir. Depuis ma première entrevue, je n'avais plus été admis auprès de lui, et cependant, fatigué de parcourir les environs de Hais, où je ne trouvais que peu de richesses botaniques, je désirais lui rappeler les promesses qu'il m'avait

faites, et obtenir de lui la permission et les moyens
d'aller dans des endroits plus intéressants pour moi.
Je pris le parti de lui écrire une lettre pour lui
exposer mes désirs et lui demander une nouvelle
audience, qui me fut accordée immédiatement. Il
avait été fort étonné de voir une lettre écrite en
arabe par un Européen, et plus encore par la simplicité du style, qui lui avait permis de comprendre
de suite ce que je voulais; aussi me fit-il compli-
ment sur la raison des Européens, qui les porte,
disait-il, à parler et à écrire simplement et sans
phrases, tandis que les Arabes et les Turcs se
croient obligés d'envelopper leurs idées de formes
conventionnelles. Ceci me rappela que le gouverneur de Hodeida, Hussein-Effendi, me vantant
l'instruction et l'excellente éducation d'Ibrahim-
Pacha, m'avait sérieusement donné pour preuve
de l'élégance de son style épistolaire la difficulté
de le comprendre; il n'y avait à Djidda, disait-il,
qu'une seule personne qui fût en état d'entendre
et d'expliquer sa correspondance.

Je renouvelai au cheikh la demande que je lui
avais faite de parcourir les montagnes; il me répondit qu'il ne pouvait encore y aller, mais que si
je voulais, je pourrais aller sans lui visiter Djebel-
Ras, haute montagne au N. E. de Hais. Sur mon
consentement, il fit venir un de ses hommes de
confiance, et le chargea de m'accompagner partout

et de veiller à ma sûreté. Cet homme, nommé le hadji Ezzé-el-Hadrami, originaire du Hadramaut, comme son nom l'indique, bon, simple, sans fanatisme, quoique très-rigide observateur des pratiques de la religion, toujours gai, toujours prêt à obliger, devint l'utile et l'agréable compagnon de toutes mes courses, et jusqu'au dernier moment je n'eus qu'à me louer de sa société, et qu'à me féliciter de son caractère, dont la bonté et la douceur étaient d'autant plus remarquables que ce sont des qualités plus rares chez les musulmans.

CHAPITRE III.

Accompagné par Ezzé et quelques soldats que le cheikh me donna pour escorte, je partis de Hais dans la matinée du 15 octobre pour aller à Djebel-Ras. Nous traversâmes rapidement la plaine qui s'étend entre cette montagne et la ville, et arrivâmes bientôt à son pied, où la nature des chemins nous obligea à descendre de nos montures, qui, dans beaucoup d'endroits, purent à peine nous suivre. Après une journée très-fatigante, nous parvînmes au commencement de la nuit à atteindre un petit village situé à peu près à moitié de la hauteur totale de la montagne, et nous nous y arrêtâmes pour passer la nuit. Ce village était habité par la famille du vénérable cheikh Ia-Sin, vieillard plus que centenaire, disait-on, dont le nom, pris de quelques-unes des lettres mystérieuses qui commencent certains chapitres du Coran, est très-

commun dans l'Yémen. Sa maison était en quelque
sorte un bureau de bienfaisance. L'âge de ce patriarche et la sainteté de sa vie l'avaient rendu
célèbre dans toute cette partie de l'Arabie, et chacun, pour s'attirer ses bénédictions, se faisait un
devoir de lui envoyer des dons de toute espèce,
qu'il employait à exercer envers tout le monde
l'hospitalité la plus illimitée.

Le cheikh Ia-Sin, qui avait vécu cent ans sans
avoir envie de sortir de son village pour aller
même jusqu'à Hais, fut un peu déconcerté par
l'apparition subite d'un Européen dans toute l'é-
trangeté de son costume national; cependant sa
bonté ne se démentit pas même envers un infidèle,
et il m'accueillit aussi bien qu'il lui fut possible;
seulement, craignant avec raison que mon arrivée
n'alarmât les habitants des parties supérieures de
la montagne, il jugea prudent d'envoyer vers eux
un exprès pour les prévenir et leur demander s'ils
voudraient permettre à un médecin européen
d'aller explorer leur pays pour y chercher des
plantes médicinales; car c'était le prétexte que j'é-
tais obligé de donner à mes recherches, et la ré-
ponse que je faisais à toutes les questions dont on
m'accablait sur le but de nos récoltes. Au reste,
j'appris que je n'avais pas été le premier à visiter
ces contrées dans ce but vrai ou prétendu, et que
de temps en temps des Arabes de Barbarie ve-

naient dans l'Yémen chercher des plantes médicinales dont leurs livres leur enseignaient l'existence
et l'usage, et qu'ils en emportaient des quantités
considérables. Quelles sont ces plantes? et dans
quel but des Arabes vont-ils les chercher si loin
de leur pays? c'est ce qu'il m'a été impossible de
savoir; mais le fait, tout singulier qu'il soit, m'a
été attesté par trop de personnes pour qu'il me
soit possible d'en douter.

Forcé d'attendre le retour des messagers, je
passai la journée suivante à parcourir les environs
de l'habitation du cheikh Ia-Sin. Le village, si les
quelques maisons qui le forment peuvent mériter
ce nom, était situé sur la crête d'un contre-fort
détaché de la montagne, en sorte que d'un côté
on découvrait la plaine du Hais, et de l'autre une
salle étroite descendant vers Zébid. Dans cette
vallée il y avait quelques champs de blé, arrosés
au moyen des eaux retenues par un barrage construit dans le lit du vallon, et formant un petit
bassin ou citerne. Ces constructions sont très-
communes dans l'Yémen, et malgré leurs petites
dimensions, elles n'en sont pas moins intéressantes
à cause de l'idée première, et du nom de Sedd,
qu'on leur donne encore aujourd'hui, et qui l'un
et l'autre rappellent la célèbre digue de Mareb,
Sed-Mareb, dont la construction est attribuée
par les Arabes à la reine de Saba, qui alla visiter

Salomon. La rupture subite de cette digue, peu de temps avant l'Islamisme, causa une inondation qui détruisit l'ancienne capitale du royaume des Hymiarites, et fut la cause singulière et inexplicable de la dispersion des tribus Yéménites.

Quoique je ne fusse pas encore parvenu à une grande hauteur, la végétation de cette partie de Djebel-Ras était déjà fort différente de celle des plaines. Ce fut là que pour la première fois je rencontrai le *Nerium obesum* de Forskall, singulière plante dont la tige molle et laiteuse à écorce blanche forme un énorme cône irrégulier et bosselé, portant à son sommet quelques feuilles en petit nombre, et des bouquets de belles fleurs rouges, ressemblant à celles du laurier rose. Ce fut là aussi que je trouvai la première troupe de singes jouissant de la vie et de la liberté sur les bords d'un ruisseau ombragé par de grands tamariniers. La seule espèce de singe qu'on trouve en Arabie, et seulement dans la partie méridionale depuis les montagnes des environs de la Mecque jusque dans l'Yémen, est l'hamadryas, ou papion à perruque, grande espèce aussi remarquable par sa laideur que par son intelligence, dont j'ai eu souvent l'occasion de m'étonner, en ayant eu pendant trois ans dans ma domesticité.

Après une promenade intéressante dans un pays tout nouveau pour moi, je retournai au village, où je m'occupai à mettre dans des papiers les plantes que j'avais recueillies, et à piquer des insectes, pendant que le vieux cheikh observait curieusement mes moindres actions, blâmait ma barbarie envers les créatures de Dieu, et témoignait son étonnement par de fréquentes exclamations, et, selon l'usage des musulmans, par la répétition continuelle de sa profession de foi. Mon fusil à piston, ma poudrière et mon sac à plomb surtout lui donnèrent une haute idée de notre génie mécanique, et il lui fut impossible de comprendre comment le sac à plomb ne laissait échapper à chaque fois que la charge nécessaire. De mon côté, je n'avais pas moins de plaisir à jouir de l'étonnement peint sur sa vénérable figure, rendue étrange par la couleur de sa barbe, que, selon l'usage des vieillards de l'Yémen, il avait teinte en jaune orangé avec les feuilles du henné. Je vis surtout avec un vif intérêt, et non sans me rappeler la Genèse et les patriarches, les soins empressés qui lui étaient rendus par sa nombreuse et belle famille, et par les étrangers qu'attirait ma présence. Ce n'est plus qu'en Orient qu'on connaît encore le respect pour la vieillesse, et qu'on peut vieillir sans trop de regrets. Dans nos pays, où les rapports de société sont basés sur la galanterie, l'âge n'est plus qu'un ridicule.

Le lendemain, les messagers revinrent de la montagne, et après beaucoup de chuchotements et de précautions oratoires, on m'apprit que les habitants, au risque d'encourir la colère du cheikh Hassan, qui plus tard les punit sévèrement de leur désobéissance à ses ordres, refusaient de me recevoir, craignant que je ne vinsse pour jeter un sort sur la végétation de leur pays ; ils me permettaient cependant d'aller chez eux, pourvu que je promisse de ne toucher à aucune plante. Comme cette condition ne pouvait me convenir, j'employai le reste de la journée à herboriser dans les environs, et le lendemain je redescendis pour retourner à Hais. Le cheikh Ia-Sin me fit accompagner jusqu'au bas de la montagne par quatre de ses fils, armés de leurs fusils, dont ils allumèrent les mèches comme s'ils partaient pour une expédition dangereuse ; mais, malgré mes instances, ils refusèrent de me suivre jusqu'à la ville, et ne voulurent rien accepter de ce que je pus leur offrir. Cependant, voulant acquitter ma dette, j'achetai à la ville et envoyai à leur père un sac de blé qui lui aura, j'en suis sûr, servi à continuer son système de bienfaisance et d'hospitalité.

Après mon retour de Djebel-Ras, je passai encore quelques jours à Hais, attendant le départ du cheikh Hassan ; enfin il me fit dire qu'il allait partir pour son château de Maammara, bâti sur le sommet d'une haute montagne, à une journée et

demie dans le sud-est de Hais, et qu'il me mènerait
avec lui. C'était un endroit inaccessible avant que
le cheikh Hassan n'eût dépensé des sommes considé-
dérables pour tailler un chemin en spirale jusqu'au
sommet. Étant alors gouverneur de Taaz, il voulait se ménager une retraite sûre en cas de guerre
avec son souverain, l'iman de Sana, et il construisit
cette petite forteresse qui, étant hors de l'atteinte de
l'artillerie, est imprenable autrement que par trahison ou par famine. Elle lui fut effectivement fort
utile; car deux fois il y fut assiégé et se défendit
avec succès contre ses ennemis. Ayant été appelé
à Sana pour rendre compte de sa conduite au sujet de quelques malversations dont il était accusé,
il refusa d'obéir. L'iman envoya contre lui une armée qui, après un siége inutile, céda à l'influence
secrète de ses largesses, et finit par se débander.
L'iman vint alors en personne l'assiéger une seconde fois; mais, voyant l'impossibilité de le réduire, il préféra entrer en accommodement avec lui,
à condition que le cheikh enverrait un de ses fils à
Sana, promettant de le bien traiter et de le renvoyer
immédiatement, parce qu'il n'exigeait cette condition que pour l'honneur de ses armes, ou, comme
disent les Yéménites, pour blanchir son visage.

Je me préparai donc à ce voyage, et avec d'autant plus de plaisir que le moment était alors très-
favorable pour une excursion botanique. C'était

la fin de la saison des pluies, et par conséquent
l'époque où la végétation est dans tout son déve-
loppement. Seulement, à mon grand regret, le
cheikh Hassan venant de recevoir d'Ibrahim-Pacha une somme de dix mille dollars ou thalaris
d'Autriche, seule monnaie usitée dans l'Yémen,
et voulant la transporter secrètement à son château, me pria de la mettre dans les caisses destinées à contenir mon herbier futur. Je fus obligé
d'y consentir et de mettre dans chaque caisse un
sac de mille thalaris, qu'on eut soin de m'apporter
la nuit; mais malgré les précautions que nous
prîmes pour que la chose se fît secrètement, le
bruit se répandit que mes caisses contenaient le
trésor du cheikh, et cette circonstance faillit plus
tard attirer le pillage sur mes effets.

Mes caisses, portées par des chameaux et ac-
compagnées par mon ami Ezzé, chargé de veiller
sur ce dépôt, partirent avant moi, en même temps
que le cheikh Hassan, qui quitta Hais au milieu
d'une partie de la population invoquant sur lui
le secours du ciel. Il était monté sur une mule,
pendant qu'on conduisait devant lui son noble cheval; ses officiers le suivaient, et l'un d'entre eux le
précédait, portant une longue lance ornée, au-dessous du fer, d'un bouquet de plumes d'autruche,
et signe distinctif de la dignité de ce personnage.
Ce ne fut que le lendemain matin que je pus le

suivre, accompagné par quelques soldats laissés auprès de moi pour me conduire et m'escorter. La défense qu'il avait faite aux habitants de rien recevoir de moi fut la cause de ce retard, personne ne voulant consentir à me louer les montures nécessaires à mes domestiques, parce que l'on craignait, d'un côté, la désobéissance à ses ordres, si l'on acceptait le prix que j'étais prêt à payer, et que, de l'autre, ses promesses de remboursement, comme celles de tout gouverneur dans l'Orient, n'inspiraient aucune confiance. Je parvins enfin à lever cette difficulté en me portant garant de la bonne foi du cheikh, et en promettant de payer s'il ne le faisait pas, et je partis de Hais.

Dans la plaine qui entoure cette ville, nous fûmes mis en pleine déroute par un essaim de guêpes qui nous poursuivirent avec acharnement, et firent des piqûres très-douloureuses et suivies de plaies à quelques-uns des soldats de mon escorte. Nous passâmes bientôt, au pied du mont Oumbaracha, qui borne la plaine au sud, un ruisseau permanent que Niebuhr nomme Suradji, mais que j'ai entendu nommer Abou-Souera. C'est celui qui arrose la plaine de Hais; mais je crois que même dans la saison des pluies il n'arrive jamais jusqu'à la mer, et se perd dès qu'il entre dans le terrain de transport sablonneux dont son sol est formé. Après avoir passé ce ruisseau, nous entrâmes dans une large vallée peu

fertile et peu cultivée, où se trouve le village de Ma-
drúba, et par laquelle nous montâmes insensiblement jusqu'à ce que, dans l'après-midi, nous attei-
gnîmes le village de Hamara, où nous nous arrêtâmes pour dîner. Le cheikh Hassan y avait passé
la nuit précédente et y avait laissé quelqu'un pour
me dire de le suivre sans délai, ce que je fis après
quelques moments de repos.

En partant de Hamara, le chemin, jusque là assez
praticable, devint plus difficile et la montée plus rapide; nous traversâmes une succession de collines de
plus en plus accidentées et couvertes de bois de mimosas et de baumiers que nous suivîmes jusque après
le coucher du soleil. Nous entrâmes alors dans la
vallée de Heidan, dont le fond est marécageux dans
quelques endroits, et très-fertile et bien cultivé dans
d'autres. C'est la route la plus fréquentée pour aller
à Taaz; nous la suivîmes pendant quelque temps,
puis la laissâmes à gauche, pour entrer dans la
chaîne occidentale de cette vallée. La fatigue et le
sommeil nous forcèrent à nous arrêter auprès d'un
petit village où nous nous reposâmes quelques
heures; mais long-temps avant le lever du soleil
nous nous remîmes en route, et continuâmes à
monter par des vallées très-étroites et très-profondes, dans lesquelles de grands arbres, dont je
ne pouvais distinguer l'espèce, augmentaient encore l'obscurité de la nuit. J'y reconnus pourtant

à son odeur le *pandanus odoratissimus*, shadjar-
el-câdi, espèce de palmier dont les fleurs exhalent
un parfum très-pénétrant, qui plait beaucoup aux
Arabes, et les engage à en parer leurs turbans en
guise d'aigrette.

Nous arrivâmes enfin au pic de Maammara, sur le
sommet duquel le château du cheikh Hassan commençait à se colorer des premiers rayons du soleil.
Pour y parvenir, le chemin serpentait le long des
flancs de la montagne, soutenu, partout où cela
pouvait être nécessaire, par de grossières murailles
de rochers qui avaient dû coûter un travail considérable. Quoique endommagé par les pluies, il
était cependant très-praticable pour des montures,
et même pour des chameaux chargés, puisque
ceux qui portaient mes effets y étaient passés et
étaient arrivés avant nous; mais, excité par la
fraîcheur de l'air et par la nouveauté des fleurs
que je rencontrais à chaque pas, je préférai monter
à pied jusqu'à une petite plaine ou plate-forme
située à deux ou trois cents pieds au-dessous du
château, et sur laquelle on avait bâti une grande
maison en pierres, servant de menzil ou logement
pour les voyageurs. Je trouvai là une mule que le
cheikh avait envoyée pour me porter jusqu'au château, où l'on arrivait par une espèce d'escalier
très-raide formé de quartiers de roche grossièrement ajustés entre eux.

CHAPITRE IV.

Le château de Maammara occupait la pointe de
la montagne, dont les flancs, si ce n'est celui par
lequel on y arrivait, étaient presque perpendiculaires, en sorte qu'il n'y avait au pied des murailles
aucun espace libre. Le plan de cet édifice était très-
irrégulier; les murailles très-élevées, solidement
construites en pierre et proprement blanchies à la
chaux, suivant tous les accidents du terrain, et avec
leurs créneaux et leurs tours offrant un ensemble
très-pittoresque et tout-à-fait semblable aux anciens
châteaux de la féodalité. L'escalier dont j'ai parlé
conduisait à une porte revêtue de fer, placée entre
deux tours ou saillies de la muraille, et se continuait dans l'intérieur sous un long passage voûté,
de chaque côté duquel étaient des estrades sur lesquelles se tenaient des soldats de la garnison, et, ce
qui me parut un peu sauvage, de malheureux pri-

sonniers enchaînés. C'étaient, me dit-on, des mal-
faiteurs, ou des rebelles aux ordres du cheikh, qui
n'avaient pu ou point voulu payer leurs contributions, et qu'il retenait ainsi pour forcer eux ou
leurs familles à s'acquitter; il y avait même parmi
eux quelques-uns des propres parents du cheikh,
dont il se méfiait, et qu'il tenait ainsi prisonniers
pour les mettre hors d'état de lui nuire. La
voûte se terminait par une seconde porte donnant
sur une terrasse irrégulière, mais très-bien cimentée et coupée par des rigoles pour recueillir et
conduire les eaux des pluies. Elle recouvrait des
magasins et logements inférieurs, et sur elle s'élevaient le logement du cheikh et d'autres bâtiments
parmi lesquels était une petite mosquée.

Aussitôt après mon arrivée, je fus introduit auprès du cheikh Hassan, qui était assis sur un divan
couvert d'un simple tapis, à l'extrémité d'une
longue salle très-propre, et n'ayant rien de remarquable qu'une espèce d'étagère qui en faisait le
tour, et sur laquelle il y avait quelques pots de
porcelaine et des bouteilles de cristal de formes
variées, ornées de dessins de diverses couleurs, et,
à ce que je crois, d'ancienne fabrique persane.
Se trouvant dans ses pénates, il me parut plus
libre et moins sérieux qu'à Hais, me souhaita cor-
dialement la bienvenue dans son château seigneu-
rial, et s'apercevant que mon pantalon avait été

gravement et un peu ridiculement endommagé par les branches épineuses à travers lesquelles nous avions passé pendant la nuit, il m'en fit apporter un des siens, quoiqu'il ne pût aller convenablement avec mon costume. Il m'assura de nouveau que je pouvais aller librement partout et m'occuper sans crainte de mes recherches, et donna de nouveaux ordres à Ezzé pour qu'il m'accompagnât partout et veillât à ce que je ne reçusse aucune insulte. Enfin, avec toute la générosité d'un Arabe des anciens temps, il ordonna qu'on me fournit immédiatement, et à quelque prix que ce fût, tout ce que je pourrais désirer, ce que mes exigences d'Européen rendirent quelquefois assez difficile. Pendant le cours de la conversation, il me donna quelques détails sur la construction de son château ; il lui avait coûté, me dit-il, soixante-quinze mille thalaris, ou près de quatre cent mille francs ; mais il ne comprenait dans cette évaluation que les frais des matériaux étrangers à la localité, car la main-d'œuvre ne lui avait rien coûté. Étant à cette époque gouverneur de la province de Taaz, il l'avait fait bâtir par les habitants sans les payer, leur imposant, selon l'usage, ce travail comme corvée.

Après avoir fumé et pris le café avec le cheikh, je fus conduit dans la chambre qui m'était destinée. Elle était placée dans une des tours méridionales du château et éclairée par quatre petites fenêtres ;

l'une d'elles donnait sur une vaste citerne creusée
dans le rocher, soigneusement cimentée, et ayant,
disait-on, vingt coudées de profondeur; l'eau des
pluies tombant sur les diverses terrasses du château s'y rassemblait, et elle pouvait en contenir une
provision suffisante pour trois années, en supposant
même que celle-ci ne se renouvelât pas tous les
ans à chaque saison des pluies; mais par les autres fenêtres on découvrait un horizon magnifique.
D'un côté surtout, la vue dominant sur une succession de montagnes à formes sauvages et bizarres,
à couleurs variées, mais toujours vives et belles,
soit que le terrain fût à nu, soit qu'il fût couvert
de végétation, s'étendait jusqu'au mont Saber, qui
terminait noblement le tableau, et au pied duquel
on pouvait distinguer el Cahira, citadelle de Taaz.
La fraicheur et la pureté de l'air, si vivifiantes pour
quelqu'un qui venait de languir sous les chaleurs
des plaines, la singularité de la position du château,
d'où je pouvais voir le dos des aigles planant à
quelques centaines de pieds au-dessous, l'étran-
geté de ma situation dans un pays si neuf, au milieu d'un peuple si peu connu, la beauté du coup
d'œil enfin, tout contribua à me donner un moment d'émotion dont je ne puis oublier la vivacité
ni la douceur.

Fatigué de la route, je consacrai au repos cette
première journée, pendant laquelle je reçus la vi-

site de plusieurs des enfants du cheikh Hassan, qui tour à tour vinrent admirer mes curiosités. Il y en avait de tous les âges et de toutes les teintes, depuis le noir jusqu'au blanc, selon les races de leurs mères. Tous étaient vêtus simplement et ne se distinguaient du reste des habitants que par leurs poignards ou djembiés, dont les fourreaux étaient en or, tandis que ceux des autres Arabes sont en bois ou en argent. Un seul d'entre eux, et le plus laid, était remarquable par sa ridicule coquetterie, chargeait son turban de fleurs et au lieu de la simple tunique bleue de ses frères portait des robes des étoffes les plus ridiculement bigarrées, dont il avait soin de changer plusieurs fois par jour pour venir se faire admirer par moi. C'est le seul exemple que j'aie jamais rencontré d'un Arabe maniéré et prétentieux; et il me frappa d'autant plus, qu'en général, pleins de distinction et de dignité, à quelque classe qu'ils appartiennent, les Arabes parlent, marchent et agissent avec simplicité et font chaque chose comme elle doit être faite, sans chercher à produire de l'effet par la recherche et la prétention de leurs manières. Comme type de cette noble nature, j'ai du plaisir à citer le grand shérif Mohammed-Ebn-Aoun, qui par la grâce du pacha d'Egypte avait remplacé les anciens shérifs possesseurs légitimes du trône de la Mecque, et qui, après avoir été amené au Caire comme prisonnier d'état, s'en alla reprendre le gouvernement du Hedjaz, lorsque le pacha par suite des derniers événements en eut retiré ses troupes. Il était impossible de ne pas être étonné et séduit par la dignité affable et l'aisance distinguée de ce personnage, qui, Bedouin de naissance et de cœur, n'avait pu trouver que dans son propre instinct l'art de se conduire, et cependant transporté dans une sphère toute nouvelle pour lui, en présence même de gens comme les Européens, dont la nature et les idées étaient bien loin des siennes, savait trouver tout ce qui pouvait plaire et imposer tout à la fois, et le dire et le faire avec une grâce qui aurait étonné des hommes se prétendant plus civilisés que lui.

Le soir du jour où j'arrivai à Maammara et constamment ensuite, le cheikh Hassan, pour ne pas manquer aux usages reçus dans son pays, m'envoya un paquet de branches de càt. Ce sont les branches d'un arbre (*celastrus edulis*) originaire de l'Abyssinie, ainsi que le café, et que l'on cultive avec un soin extrême; on en mange les bourgeons et les feuilles les plus tendres; elles ont une propriété excitante, légèrement enivrante même, reposent de la fatigue, ôtent le sommeil, et font que l'on aime à passer la plus grande partie de la nuit dans une tranquille et sociable conversation; aussi n'y a-t-il pas d'hommes qui dorment aussi peu que les Yéménites; et cependant leur santé ne parait pas en souffrir ; car les exemples de longévité sont communs dans le pays. Les propriétés stimulantes du cât sont telles, que les courriers envoyés pour porter des messages pressés marchent souvent plusieurs jours et plusieurs nuits de suite sans prendre d'autre nourriture ni soutien que les feuilles de cette plante, dont ils portent avec eux un paquet pour le manger en route. Pour moi, je m'habituai promptement à son usage, et finis par trouver un grand plaisir dans l'excitation douce qu'elle procure et les rêves aussi frappants que la réalité qui en étaient la suite.

Le cheikh Hassan, se trouvant dans son château au centre de ses possessions, se donnait tous les attributs de la souveraineté ; chaque jour, à l'heure de l'éché ou prière du soir, un de ses officiers, qui n'avait pas d'autres fonctions, se plaçait sous ses fenêtres, proclamait à haute voix les titres de son maître, tels que : épée de la religion, appui du gouvernement, soutien de l'islamisme, etc.; récitait quelques vers en son honneur, et invoquait sur lui les bénédictions du ciel ; cérémonie qu'on appelait le doushân. Ce mot, dont je ne connais pas la signification propre en arabe, est peut-être pris d'une des épithètes que l'on donne aux personnes de distinction, *zou-chân*, possesseur de dignité. Souvent aussi des pauvres ou des opprimés venaient remplir le même devoir, et terminaient leurs discours soit en exposant leurs plaintes, soit en demandant quelques secours, exactement comme les anciens troubadours criaient largesse après avoir chanté les louanges d'un seigneur.

Je remarquai encore une autre cérémonie intéressante en ce qu'elle était autrefois caractéristique de la dignité des califes et des principaux émirs de leur cour qui souvent les tenaient en tutelle. Vers le milieu de chaque nuit on apportait à la porte du château des tambours ou timbales de différents timbres et dimensions, que l'on frappait en l'honneur du cheikh de manière à produire dans le silence de la nuit un effet extrêmement pittoresque et tout-à-fait en harmonie avec les localités. Les coups, frappés d'abord à de longs intervalles, qui se rapprochaient peu à peu, mais d'une manière régulière et faisant honneur au sentiment de la mesure des timbaliers, finissaient par ne plus être qu'un roulement lugubre qui se perdait lentement, insensiblement, pour être répétés par les échos des montagnes; puis on les entendait peu à peu renaître, les différents tambours s'interrogeant et se répondant avec une variété de mesure, de force et d'action qui produisait un effet étrange, sauvage, mais solennel, et qui me causait toujours une émotion dont je n'étais pas le maître.

Je passai quelques jours à herboriser aux environs du château, et quoique la montagne ne fût

presque qu'une masse de rochers, j'y trouvai cependant un nombre assez considérable de plantes,
dont quelques-unes, du genre *justicia* et des genres
voisins, avaient de fort belles fleurs et seraient dignes
de servir de plantes d'ornement. Dans les endroits où
la pente était moins escarpée, les flancs de la montagne étaient coupés en terrains sur lesquels on
cultivait du blé et du doura, et auprès du menzil
bâti sur la première plate-forme il y avait quelques huttes de pierre qui servaient de logements
aux familles des soldats et serviteurs habitant le
château. Pour leur usage et celui des voyageurs on
avait creusé auprès du menzil une grande citerne
cimentée qui recevait les eaux des pluies, et dans
laquelle non seulement ils puisaient leur boisson,
mais encore se baignaient et faisaient toutes les
ablutions ordonnées par leur religion et nécessitées
par leurs mœurs. Cet usage, qui répugne non
seulement à notre délicatesse, mais de même à celle
des musulmans orthodoxes, paraît autorisé par les
préceptes de la secte particulière à laquelle appartiennent les Yéménites. Il est licite, selon eux, de se
laver et de se baigner dans une eau qui n'est pas
courante et ne se renouvelle par conséquent pas,
pourvu qu'elle soit assez abondante; tandis qu'un
Sunnite après des ablutions faites de cette manière
se croirait tout aussi impur, religieusement par-
lant, qu'auparavant. Comme il faut toujours, dans

toutes les pratiques déraisonnables, trouver une excuse pour se satisfaire soi-même, sinon pour convaincre les autres, les Yéménites prétendent et croient peut-être que les lentilles d'eau qui couvrent la surface des eaux stagnantes, et par conséquent de leurs citernes, ont le don de les purifier, et ils ne voudraient pas se servir pour leurs ablutions d'une eau non courante sur laquelle ils n'en verraient pas flotter quelques-unes. Je dois faire remarquer que la secte à laquelle appartiennent les habitants de l'Yémen est le Zeidisme, et quoiqu'elle prétende au Sunnisme et à l'orthodoxie, elle est véhémentement soupçonnée par les autres de se rapprocher du Schiisme ou secte des Persans, et d'être par conséquent hérétique. Cette pratique pour les ablutions est un rapport que les deux sectes ont entre elles.

Ce fut au pied de Maammara que je vis la première plantation de café, et comme toutes celles que je rencontrai par la suite, elle était placée dans une vallée profonde, étroite et humide, où le soleil ne pénétrait que pendant quelques heures. Celle de Maammara était peu considérable, et ce n'était qu'un essai fait par le cheikh Hassan; ce n'est pas dans cette partie de l'Yémen que l'on cultive en grand l'arbre à café; les plantations les plus considérables et les plus estimées se trouvent dans le territoire de Sana et dans celui d'Uden.

CHAPITRE V.

Pendant que je me livrais à mes pacifiques oc-
cupations, le cheikh Hassan, qui ne sortait pas de
son harem, travaillait à l'exécution de ses projets.
Je n'eus plus occasion de le revoir dans son château, quoique, par son attention à m'envoyer chaque jour les objets qu'il croyait pouvoir m'être
agréables, il me témoignât suffisamment qu'il
pensait à moi. Comme je l'ai déjà dit, l'oncle
de l'iman de Sana s'était révolté contre son neveu
et rassemblait dans la ville de Taaz une armée pour
aller l'attaquer. Voulant se fortifier par l'appui
du cheikh Hassan, il cherchait à l'attirer dans son
parti, et celui-ci, comme un véritable Arabe qu'il
était, malgré la noblesse et la générosité de ses
procédés envers moi, feignait d'entrer dans ses
vues, afin d'avoir l'occasion d'introduire ses pro-

près soldats dans la ville de Taaz, et d'avoir ainsi le
moyen de préparer une réussite facile à une invasion des Turcs. La négociation se poursuivit activement pendant mon séjour au château; et après
de longs pourparlers, le cheikh Hassan consentit
enfin à se rendre à Taaz auprès de l'iman; mais il
voulut avant d'y aller qu'on lui donnât des otages
qui répondissent de sa sûreté personnelle. Quelques parents de l'iman de Taaz furent envoyés en
cette qualité à Maammara, où ils furent reçus avec
de grands honneurs, mais mis immédiatement aux
fers, mesure de précaution pour les empêcher de
s'échapper qui parut n'avoir rien de contraire aux
usages, ni rien de déshonorant pour les victimes;
elles continuèrent à être bien traitées d'ailleurs et
à vivre dans les meilleurs termes avec leur geôlier.
Celui-ci, dès qu'il les eut en son pouvoir, se pré-
para à partir pour Taaz; mais ne voulant pas y aller sans être bien accompagné, et pouvoir en conséquence négocier avec avantage, il convoqua sa
petite armée, qui paraissait établie dans les divers
villages de sa juridiction et se rassembla bientôt
autour du château.

Quoique tous soient armés, les habitants de
l'Yémen n'aiment pas à servir comme soldats; mais
les principaux chefs font venir du pays de Djôf, à
l'est de Sana et du Hadramaut, des hommes qu'ils
prennent à leur solde et à l'aide desquels ils se font

les uns aux autres tout le mal possible. Ces espèces de compagnies franches se trouvant dans un pays dans lequel elles n'ont aucun lien de parenté ni d'affection, et sûres de l'impunité, parce que les chefs, à cause du besoin qu'ils en ont, sont obligés de les ménager se livrent à toute espèce de brigandages pour amasser promptement une petite fortune qui leur permette de retourner dans leur pays. Leur présence est un véritable fléau pour les habitants, qui accepteraient avec plaisir tout changement de gouvernement qui les en délivrerait. Le cheikh Hassan avait, disait-on, à sa solde six mille de ces bandits, nombre probablement fort exagéré, mais qui, vrai ou faux, lui donnait une haute importance. Afin de les contenir autant que possible, il avait soin, lorsqu'il n'avait pas besoin de leurs services, de les disperser dans les différents villages soumis à sa juridiction. Ainsi isolés, la crainte des habitants mettait un frein à leurs désordres. Lorsque le cheikh les rassemblait, il appelait auprès de lui en même temps qu'eux un certain nombre des habitants sédentaires, qui lui formaient une espèce de milice ou de garde nationale, dont la présence imposait un peu à la turbulence de son armée soudoyée.

Ce fut un spectacle fort curieux pour moi que celui de l'arrivée de douze à quinze cents de ces soldats destinés à servir d'escorte au cheikh pendant son voyage à Taaz. De ma fenêtre je pouvais voir les diverses troupes ou compagnies précédées de leurs timbales et de leur chef ou nakib, à cheval, portant une lance à bouquet de plumes d'autruche, arriver successivement au bas de la montagne, monter le long du chemin escarpé appliqué contre ses flancs, et paraître et disparaître selon les accidents du terrain. Quand elle était arrivée à portée d'être entendue, chaque troupe entonnait une espèce de chant dont les paroles étaient les louanges du cheikh, et dont l'air triste et pensif, comme tous les airs arabes, avait une mélodie très-prononcée, fort agréable et se rapprochant beaucoup du caractère de notre musique; puis, lorsqu'en montant lentement et avec gravité, elle était arrivée à la porte du château, le chant cessait, le chef récitait le doushàn, les soldats faisaient une décharge de leurs fusils, et se dispersaient pour chercher un gîte, pendant que l'officier montait et venait loger chez le cheikh. Le lieu de la scène, la vue des armes étincelant sous les rayons du soleil, le bruit des timbales et des coups de fusil mêlés aux chants que l'on entendait à des distances diverses, tout avait un caractère sauvage qui me rappela vivement les descriptions données par Walter Scott des rassemblements des clans écossais.

Le costume de ces soldats ne différait en rien de celui des montagnards de l'Yémen, et en décrivant l'un je décrirai l'autre. Une calotte de coton entourée d'une pièce de mousseline, ou simplement même d'un morceau de toile bleue, forme leur coiffure; un large pantalon ou shirwall et une chemise à larges manches, teinte en bleu foncé avec l'indigo du pays, couvrent leur corps, autour duquel la chemise se serre avec une ceinture de soie ou de coton, mais le plus souvent par une simple bande en cuir, enjolivée par des ornements d'étain ou d'argent. Les chefs et quelques habitants même portent en outre sous la chemise ou tunique un caftan de soie fermé sur la poitrine; un grand nombre aussi, au lieu de shirwal, ne mettent qu'une serviette nouée autour des reins, et semblable à celle qui forme presque l'unique vêtement des habitants des plaines. Leur chaussure consiste en une paire de sandales très-bien travaillées et ornées de dessins, en cuir verni de diverses couleurs, que l'on fabrique à Zebid. Par singularité, le cheikh Hassan marchait toujours nu-pieds, ce qui, disait-on, était un usage particulier à la famille. Tous les soldats, ainsi que le reste des habitants, portent la barbe, mais, selon un usage particulier à l'Yémen, se rasent les moustaches, conformément à un précepte du prophète, transmis par la tradition, qui, dit-on, enjoint de couper les moustaches, mais de respecter la barbe. « *Cossoue esshouareb ira affoue an elliha.* » Les armes des soldats, comme celles des Yéménites, consistent en un long fusil à mèche, une djembié ou poignard recourbé, et quelquefois un sabre de fabrique turque ou indigène. Comme tous les Orientaux, ils aiment à se charger d'un arsenal de poudrières, de sacs à balles et de gibernes à cartouches, le tout orné à leur manière, mais toujours très-agréable à regarder.

Ayant des otages en son pouvoir, et accompagné d'une nombreuse escorte, le cheikh Hassan se décida enfin à se rendre à Taaz. Selon son usage, il partit subitement et sans avoir prévenu personne d'avance; précaution qu'il prenait pour éviter que ses nombreux ennemis ne lui tendissent des embûches dans les routes étroites et difficiles des montagnes, où il serait facile de se cacher pour assassiner quelqu'un dont on voudrait se défaire. Au moment de son départ, dont je ne fus averti que par le son des timbales et le bruit des chevaux descendant par l'escalier du château, il me fit dire de rester encore quelques jours à Maammara, parce que, dans l'incertitude des événements qui allaient se passer, il n'osait m'emmener avec lui; il me promettait en même temps de m'envoyer chercher dès que ses propres affaires seraient arrangées, et que je ne courrais plus aucun risque en allant le rejoindre. Je restai donc, quoiqu'à regret, et continuai mes herborisations dans les environs.

Le soir qui suivit son départ on vint me demander de la part du cheikh Càsem, fils ainé et

favori du cheikh Hassan, que je ne connaissais point
encore. Je me rendis auprès de lui, me préparant à
regret à subir les mêmes séries de questions que
chaque nouveau venu me faisait, et à faire l'exhibi-
tio nobligée de mon fusil à piston ; mais cette fois
je me trompais. Le cheikh Câsem était un grand et
vigoureux jeune homme de vingt ans, ayant avec son
père une ressemblance frappante, et portant comme
lui un bandeau sur le bas de la figure, mais uniquement par affectation, car il n'avait pas les
mêmes raisons que lui pour le cacher. Il était vêtu
d'une simple tunique bleue, et me reçut dans une
grande salle, où je le trouvai assis sur le tapis qui en
couvrait le plancher. Son but en me faisant venir
n'avait pas été, comme je le présumais, un simple
motif de curiosité; mais il avait entendu dire que
j'avais dans mon bagage une grande dame-jeanne
d'esprit-de-vin destiné à conserver des animaux, et
il désirait l'employer à un usage plus convenable
selon lui : honteusement adonné à l'ivrognerie la
plus crapuleuse, la faible eau-de-vie fabriquée par
quelques juifs qu'il avait dans sa maison, n'avait
plus assez de force pour lui procurer l'état d'ivresse
qu'il aimait, et qui est en général le seul plaisir que
recherchent les Orientaux quand ils boivent des
liqueurs fortes. Se trouvant plus libre depuis le
départ de son père, qu'il redoutait beaucoup, et auquel il cachait, je ne sais par quel moyen, sa con-

duite, il voulut essayer si l'esprit-de-vin lui ferait plus d'effet, et malgré mes refus il s'en fit apporter par mes domestiques, qui ne voyaient en cela qu'un moyen tout simple d'obtenir un bakhshish ou cadeau. Comme un singe qui goûte quelque chose de nouveau, il y mit d'abord la langue, me demanda si cela pouvait l'empoisonner, et comme j'eus la sottise de ne pas appuyer ce soupçon, il en but une finjân ou petite tasse à café, puis un grand bol, et bientôt, l'effet surpassant son attente, il se trouva aussi heureux qu'il pouvait le désirer.

Pour compléter son bonheur, il fit allumer une quantité de bougies énormes, comme l'abondance de la cire dans l'Yémen permet de les faire, que faute de chandeliers on plaça sur des rangées de bouteilles vides, dont il ne manquait pas, et dont il augmentait le nombre toutes les fois qu'un navire européen touchait à Moka ou à Hodeida; puis il fit monter deux musiciens de Sana qui faisaient partie de sa maison. Le cheikh Càsem était celui des fils du cheikh Hassan qui avait été envoyé par son père en otage auprès de l'iman de Sana, et c'est dans cette capitale de la civilisation yéménite, dont il regrettait amèrement les plaisirs, qu'il avait appris à aimer les orgies dont il me donnait une représentation et dont je ne m'attendais pas à être témoin dans un pays aussi peu avancé. Rappelé auprès de son père, il avait amené avec

lui un jeune danseur auquel le père et l'oncle servaient de musiciens, et ce furent eux qui me donnèrent un échantillon de la musique de l'Yémen.
Leurs seuls instruments étaient une mandoline et
un petit tambour; ils chantaient en s'accompa-
gnant des airs fort agréables et d'une mélodie plus
civilisée que celle des airs arabes en général. L'enfant étant malade et ne pouvant danser, le cheikh
Càsem, auquel la musique ne suffisait pas, força
le père à danser à sa place, et je pus voir alors une
scène un peu ignoble, mais curieuse par sa singularité, quand on pense au pays où je me trouvais :
un vieillard à barbe blanche exécutant la danse
licencieuse des Orientaux, et le fils d'un des plus
puissants chefs de l'Arabie battant la mesure avec
des castagnettes et l'encourageant de la voix et du
geste.

Ces scènes se renouvelèrent tous les soirs, et
même dans la journée, car je trouvai un jour le
jeune cheikh, déjà abruti, occupé à considérer dans
son salon un cheval du pays de Djôf, qu'il venait
d'acheter et qu'il avait fait monter jusque dans son
appartement, parce qu'il était hors d'état de descendre lui-même. Fatigué de ces orgies que j'avais
pu voir une fois sans dégoût, grâce à l'effet du
càt, qui dispose singulièrement à l'indulgence pour
le prochain, mais dont la continuité était insup-
portable, je pris le parti de mettre dans ce qui me

restait d'esprit-de-vin quelques reptiles ; et je ne
suis même pas bien sûr que cela eût suffi pour
l'en dégoûter. Le cheikh Càsem avait auprès de
lui quelques personnes intéressées à favoriser ses
honteuses habitudes, et entre autres son beau-
père, marchand de Moka, dont il avait épousé la
fille, célèbre par sa beauté. Dans l'Yémen comme
en Perse, les gouverneurs payent leurs employés
en leur donnant des billets sur les villages soumis
à leur juridiction, et les habitants les acquittent en
à-compte des contributions. Lorsque le jeune
cheikh était ivre, on en profitait pour lui faire si-
gner tout ce qu'on voulait, et son beau-père plus
qu'aucun autre usait de ce honteux moyen pour en
obtenir ce qu'il désirait.

Comme compensation à ces scènes, que je cherchais à éviter, je n'avais que la société d'Ezzé et
du cadi du cheikh Hassan, homme sérieux, mais
affable, qui, ne pouvant s'opposer à la conduite du
jeune Càsem, prenait le parti de fermer les yeux sur
ses désordres. Ses fonctions au château se bornaient
à faire la prière du vendredi, à tenir la correspondance du cheikh, à prononcer sur les difficultés
qui pouvaient s'élever entre les habitants des environs, à marier le cheikh Càsem, et à prononcer le divorce toutes les fois qu'il lui prenait envie
de changer, ce qui était assez fréquent. Je cher-
chai à obtenir de lui quelques renseignements sur

l'histoire de son pays; mais inutilement; comme tous les Orientaux en général, il était fort ignorant sur ce point, n'avait étudié que ce qui pouvait lui être d'une utilité directe et matérielle, et s'intéressait fort peu aux Tobbas, anciens rois de l'Yémen, comprenant encore moins quel genre d'intérêt ils pouvaient nous inspirer. Il m'assura, du reste, qu'à Sana personne n'était plus instruit que lui, et que dans cette ville on ne pourrait trouver aucun livre historique. S'il en existe, me disait-il, ils doivent se trouver à Zebid, où il y avait autrefois un collége; c'est une ville de science; Sana est un lieu de plaisirs

Je ne restai que peu de jours au château de Maammara après le départ du cheikh Hassan; son fils Càsem se rendit à Cahim, village et château appartenant à son père, mais dépendant de la province de Taaz, et situés dans la chaîne occidentale de la vallée de Heidan. Quoique assez près de Maammara en ligne droite, Cahim en était séparé par des montagnes si escarpées et des vallées si profondes qu'il nous fallut, pour nous y rendre, une journée de marche très-fatigante par des chemins à peine praticables pour des mulets. Les chameaux portant mes effets mirent deux jours pour faire le même trajet, et dans plusieurs endroits on fut obligé de les décharger et de faire porter les caisses à dos d'homme, la route n'étant pas assez large pour ces animaux chargés. Dans l'Yémen comme au mont Sinaï, j'ai eu souvent l'occasion de remarquer combien on se fait généralement en Europe une idée fausse du chameau, en croyant que la forme de son pied le rend impropre à marcher dans un pays montagneux. Aucun animal, sans en excepter même le mulet, n'a le pas plus sûr dans les chemins les plus dangereux; son pied ne glisse jamais, même sur les surfaces les plus polies, et il sait choisir avec un instinct admirable les endroits où il peut le poser avec le plus de sûreté; quelquefois même, lorsque la montée est trop rapide, il a l'instinct de plier les jambes de devant et de marcher sur ses poignets, qui, comme on le sait, sont couverts d'un cal très-dur, et conserve ainsi à son corps une position horizontale, malgré l'inclinaison du terrain. C'est seulement dans les terrains fangeux et glissants que cet animal perd réellement ses utiles qualités, et ce n'est que dans des endroits pareils que j'en ai vu tomber quelquefois.

Parti de Maammara le matin, en compagnie du cheikh Càsem, suivi du cadi et de quelques soldats, dont l'un portait sa lance devant lui, j'arrivai vers le coucher du soleil à Cahim. A l'exception de ce qui entoure le pied de la montagne et d'une grande vallée par laquelle nous montâmes vers Cahim, tout le pays que nous traversâmes était inculte et désert, le terrain étant trop ingrat pour la culture,

et les pentes des montagnes trop escarpées pour
pouvoir être taillées en terrasses. Dans le fond des
vallées seulement nous rencontrâmes quelques
champs de blé ou de doura, et quelques plantations
de café, lorsque les vallées s'ouvraient assez pour
laisser un espace libre des deux côtés du ruisseau,
qui généralement en occupait le fond, souvent ombragé par de grands arbres. Le village de Cahim,
où Câsem fut reçu au bruit des coups de fusil, des
acclamations des hommes et des roucoulements
des femmes, est situé sur une élévation placée au
centre d'un fer à cheval de montagnes ouvert au
sud-est; de ce côté on découvre en partie la ville
de Taaz, située à une journée de chemin. Le château ou la maison du cheikh n'avait rien de ce caractère grandiose et féodal qui distinguait celui de
Maammara; ce n'était qu'une grande maison carrée, solidement construite en pierre, dominant le
reste du village, mais sans tours ni défenses, et
facilement accessible de tous les côtés; on y entrait
par une porte donnant dans un petit vestibule de
chaque côté duquel étaient de petits logements pour
les soldats et domestiques; en face de la porte
était un escalier conduisant à un réz-de-chaussée,
d'où l'on montait par un escalier étroit et obscur
jusqu'au premier et dernier étage, dont les chambres, petites et presque ruinées, indiquaient par
leur mauvais état qu'elles n'étaient pas souvent

habitées. On me logea d'abord dans une des salles inférieures; mais m'y trouvant confondu avec les soldats et les gens du cheikh, je demandai et obtins la permission de m'établir dans quelques petites chambres situées sur la terrasse, et servant de harem, mais qui se trouvaient libres à cette époque.

CHAPITRE VI.

Le jeune Càsem n'imposait pas autant que son père à ses troupes indisciplinées, et je me trouvai moins à mon aise à Cahim qu'à Maammara, d'autant plus que je continuais à être dérangé à chaque instant de la nuit par ses importunités pour avoir de l'esprit-de-vin, et obligé malgré moi d'être le témoin des effets de son intempérance. L'ivrognerie n'était pas la seule marque d'impudeur contraire aux usages des Orientaux qu'il me donnât ; car je le trouvai un soir au milieu de ses compagnons, assis près d'une fille à peu près dans le même état que lui, à laquelle, malgré sa laideur et sa saleté, il donnait des marques non équivoques de passion. Comme je m'étonnais de cette liberté, bien extraordinaire chez les musulmans, qui, malgré tous leurs vices et leur libertinage, ont au moins en action, si ce n'est dans leurs discours, une pudeur remar-

quable, un de ses acolytes me répondit qu'un des
caractères particuliers de la race des Aly-Saad, de
laquelle le cheikh descendait, était de ne rougir de
rien ; observation à laquelle je n'eus rien à répondre ; et je me retirai pour le laisser librement donner des preuves de la noblesse de sa descendance.
Cette conduite était, au reste, chez le cheikh Càsem
non seulement le résultat de ses goûts, mais aussi
la conséquence d'un système : il avait pour prin-
cipe et répondait toujours à mes morales observations que ce n'était qu'en faisant des choses extraordinaires, et en se livrantà tout ce qui est « ha-
râm et mounkir, » défendu ou réprouvé, que l'on
pouvait se concilier l'affection des soldats.

Malgré les importunités des soldats, je parcourus librement les environs de Cahim et y augmen-
tai considérablement mon herbier ; je ne fus pas
aussi heureux dans mes recherches sur les autres branches de l'histoire naturelle. Cet endroit,
comme les autres parties des montagnes, était,
malgré l'abondance de la végétation, remarquable par la rareté des oiseaux et des insectes. Le
seul quadrupède que j'y aie jamais vu est une
panthère qui traversa en plein jour le village ; les
hyènes sont nombreuses ; et il paraît y avoir encore
une autre espèce d'animal féroce que les habitants
nomment tahesch, mais dont ils mêlent l'histoire
avec beaucoup de fables. D'après la description

5

que l'on m'en donna, ce doit être une grande espèce
de hyène distinguée par son pelage noir et son
poitrail blanc, et assez forte, disait-on, pour emporter un bœuf. Quoique j'eusse offert une somme
assez considérable dans le pays à celui qui m'ap-
porterait une tahesch, je ne pus réussir à me la
procurer, les habitants ayant inutilement tiré sur
elle qui vint la nuit, attirée par le cadavre d'une
vache que l'on avait tuée exprès.

Peu de jours après notre arrivée dans cet endroit, le cheikh Càsem reçut de l'iman de Taaz
l'investiture du district de Cahim; son firman ou
diplôme était en entier de la main de l'iman, et,
comme toutes les lettres écrites par les gens de son
pays, remarquable par l'irrégularité et la difficulté
de l'écriture. Jamais ils ne marquent les points
qui, en arabe, distinguent les unes des autres
beaucoup de lettres autrement parfaitement semblables; ils en lient ensemble d'autres qui devraient
être complétement séparées, et groupent le tout ensemble ou le raccourcissent par des abréviations
qui font ressembler en quelque sorte les mots à
ceux de l'écriture cursive des Chinois. Aussi, à
moins d'en avoir l'habitude, est-il impossible d'en
comprendre le sens, quoique pour les habitants il
soit parfaitement clair et qu'ils lisent couramment
ces sortes d'hiéroglyphes. Le diplôme se distinguait des lettres de gens ordinaires en ce qu'il était

frotté avec du cinabre en poudre, cette couleur
rouge étant, à ce qu'il paraît, réservée pour les
imans, et nul autre n'ayant le droit de s'en servir.
En sa qualité de prétendant à ce titre, l'iman de
Taaz s'était donné ce privilége, que le cheikh Hassan lui-même, malgré sa puissance, n'avait pas osé
prendre.

A l'occasion de son entrée en fonctions, les chefs
des différents villages de son district vinrent rendre hommage au cheikh Càsem; chacun, suivi de
quelques hommes tous armés, vint tour à tour
chanter ses louanges à sa porte, tirer des coups de
fusil, lui rendre visite, et lui présenter les premières offrandes dues à son autorité, des moutons, des
vaches, du blé et quelques thalaris. En échange
de leurs dons, ils recevaient quelques cadeaux
semblables du cheikh; il donnait à l'un ce qu'il
recevait de l'autre, sauf l'argent qu'il gardait pour
lui; mais l'argent ne restait pas long-temps entre
ses mains; c'était une occasion trop belle pour
les compagnons de ses orgies pour qu'ils n'en pro-
fitassent pas; aussi avaient-ils soin de le tenir dans
un état d'ivresse continuelle, qui exaltait sa générosité, et le livrait sans raison et sans résistance à
leur honteuse rapacité.

Pendant mon séjour dans cet endroit, me trouvant un jour dans la compagnie du cheikh Càsem,
nous vîmes arriver un homme misérablement vêtu

et couvert de peaux de mouton, comme s'il venait d'un pays plus froid. C'était un émissaire du cheikh Hassan qui avait été envoyé dans le pays de Djôf et dans le Hadramaut afin d'engager les différents chefs de ces pays à faire cause commune avec lui pour soutenir les prétentions de l'iman de Taaz, qu'il considérait comme un acheminement à l'établissement de l'autorité des Turcs, et par suite de la sienne propre. Cet homme s'était vêtu de la sorte pour se déguiser et échapper aux soupçons en traversant le territoire de Sana. Ma présence, à laquelle il ne s'attendait certainement pas, parut l'inquiéter un peu; mais ayant reçu l'assurance que j'étais un ami du cheikh et qu'il pouvait parler sans crainte devant moi, sa figure se dérida immédiatement, et il tira d'entre les morceaux de cuir formant la semelle d'une de ses sandales une lettre signée par tous les chefs qui avaient consenti à s'allier au cheikh Hassan, et dont les forces réunies s'élevaient, disait-on, à dix mille hommes. Parmi ces signatures ou cachets, je vis avec intérêt celle du cheikh de Mareb, cet endroit mystérieux si célèbre dans l'histoire des Arabes et devenu plus intéressant encore depuis qu'on a acquis la certitude qu'il s'y trouve des inscriptions écrites du même caractère que celui des inscriptions découvertes sur la côte méridionale de l'Arabie par le lieutenant Wellsted. Mon intention était d'y aller, et avec la protection du cheikh Hassan j'étais certain de faire le voyage en sûreté, mais la maladie qui m'atteignit plus tard à Moka et me força même à retourner au Caire ne me permit pas d'exécuter ce projet.

A cet exemple de la situation civile et politique de ce malheureux pays je puis en ajouter un autre que j'avais sous les yeux. Sur la côte orientale du cercle de montagnes qui entourent la petite plaine de Cahim il y avait une maison ou château appartenant à un cheikh nommé Mohammed-Aly, qui avait toujours refusé d'obéir aux ordres du cheikh Hassan, et se trouvait en guerre avec lui depuis plusieurs années ; renfermé dans sa petite forteresse avec sa famille et quelques soldats à ses ordres, il n'en sortait que pour lever des contributions sur les villages des environs. Très-près de Cahim en ligne directe, mais assez loin par le fait, puisqu'on ne pouvait escalader les flancs de la montagne sur laquelle était perchée son habitation, et qu'il fallait pour y arriver aller fort loin chercher l'extrémité de la seule pente praticable, nous pouvions le voir se promener sur la terrasse de son habitation, au-devant de laquelle il avait fait creuser en travers de la crête de la montagne une large tranchée qui coupait le seul chemin par lequel on pût approcher. Lorsque le cheikh Câsem fut arrivé à Cahim, Mohammed-Aly, désirant entrer en accommodement, lui demanda une entrevue, talab-ouedjho, c'est-à-dire demanda son visage, selon l'expression consacrée dans le pays. L'entrevue lui fut accordée, et je le vis arriver suivi d'une partie de sa petite garnison, qui accomplit toutes les cérémonies d'usage. Le cheikh entonna le doushan en l'honneur de Càsem, les soldats firent une décharge de leurs fusils, et Mohammed-Aly monta ensuite chez le jeune cheikh, par lequel il fut reçu fort amicalement. Mohammed-Aly était un petit homme, paraissant très-actif et très-gai et nullement inquiet de se trouver momentanément au pouvoir de son ennemi personnel; car il comptait sur la foi des Arabes, et savait que le jeune Càsem ne trahirait pas sa parole et ne voudrait pas noircir son visage, c'est-à-dire se déshonorer par des violences contre un ennemi qui se fiait à lui. En entrant, il remit au jeune cheikh son poignard, qui lui fut rendu de suite; et après quelques compliments, au milieu desquels il lui dit qu'il traiterait bien avec lui, mais ne voulait rien demander ni rien accepter de son père, la conférence commença et se continua avec vivacité pendant long-temps, mais inutilement; les deux chefs ne purent s'entendre, et Mohammed-Aly retourna chez lui après avoir reçu de Càsem un présent de quelques moutons. Avant mon départ des montagnes, j'appris que celui-ci avait courageusement attaqué le château de ce pe-

tit rebelle et avait réussi à s'en emparer avec une
perte de dix-sept hommes, nombre assez considérable pour une expédition de cette nature, et qui
montre que de part et d'autre on se battit avec
bravoure.

La saison des pluies finissait, et, craignant d'arriver trop tard pour voir la végétation qu'elle avait
produite, j'étais très-impatient d'aller à Taaz, et
d'herboriser sur le mont Saber, où, actuellement
comme du temps de Forskall, les Arabes prétendent que se trouvent réunies toutes les plantes de
la terre. Ne recevant aucune nouvelle du cheikh
Hassan, je lui envoyai un de mes domestiques avec
une lettre dans laquelle je lui demandais la permission de me rendre auprès de lui. Il me répondit qu'il m'attendait, et que les circonstances
étaient telles, que je pouvais faire le voyage sans
aucune crainte. Je quittai donc Cahim accompagné
d'Ezzé et de quelques soldats, et très-heureux de
sortir d'un endroit où je n'avais eu sous les yeux
que des scènes dégoûtantes et où, la nuit comme
le jour, j'avais rarement pu goûter un instant de
repos. En partant, j'acquis une nouvelle preuve
de la bassesse d'âme du cheikh Càsem, et je
reconnus que, même chez les Arabes, renommés
de tout temps pour leur noblesse et leur générosité, on peut rencontrer des exceptions. Je lui
avais donné une longue-vue, et il avait paru l'ac-

cepter avec plaisir; mais ayant remarqué que j'a-
vais au doigt une bague en or d'un prix très-mo-
dique, mais à laquelle je tenais comme souvenir, il
en eut envie et me rendit la longue-vue, me demandant la bague en échange. Je refusai de reprendre l'une et de donner l'autre ; et je fus en conséquence pendant plusieurs jours en butte de sa part
et de celle de ses amis aux plus basses sollicitations,
que n'aurait pas méritées l'objet le plus précieux,
et ses persécutions ne cessèrent même pas lorsque
je fus allé rejoindre son père. Fatigué et dégoûté de
ses messages continuels à ce sujet, je finis par lui
donner ce qu'il désirait et demandait avec tant d'a-
charnement. Alors il me fit remercier et supplier de
ne pas parler de ses instances à son père, qui, disait-
il, l'aurait tué s'il avait su qu'il eût demandé quelque chose à un étranger. Ce furent là les derniers
rapports que j'eus avec ce jeune homme, dont le
caractère a gâté pour moi une partie d'un voyage qui
sans cela aurait été aussi intéressant qu'agréable.

Parti de Cahim le matin, et traversant un beau
pays très-bien cultivé dans beaucoup d'endroits et
couvert de champs de blé et de maïs ou de plantations de café, j'arrivai vers le coucher du soleil à un
petit village situé à trois heures de distance de
Taaz. Le chemin était facile, les montagnes étant
peu élevées et les vallées, à l'exception d'une gorge
étroite par laquelle on sortait de la plaine de Cahim,

larges, unies et arrosées par de nombreux ruisseaux. Un d'entre eux était salé et se répandait dans une plaine marécageuse où je retrouvai les plantes salines du bord de la mer et quelques dattiers négligés parce que les fruits, m'a-t-on dit, n'arrivaient pas à leur maturité.

Tourmenté par les puces, je passai une nuit désagréable dans ce village, et le lendemain matin je continuai ma route vers Taaz, à travers une succession de collines désertes et presque stériles, ou seulement couvertes de quelques arbrisseaux desséchés. Après les avoir traversées, nous arrivâmes à Bir-el-Bacha, grande citerne creusée, comme son nom l'indique, lorsque les Turcs étaient maîtres de l'Yémen. Elle était autrefois remplie par un aquéduc qui amenait l'eau du mont Saber, et elle est actuellement ombragée par un magnifique figuier à larges feuilles ovales (*ficus religiosa*), dont le tronc était énorme et dont les vastes branches auraient pu abriter deux ou trois cents personnes. Il y a dans l'Yémen plusieurs espèces de figuiers, tous arbres remarquables par leur grandeur et la beauté de leur feuillage. L'un d'eux, à feuilles de peuplier, croît de préférence parmi les rochers, et s'applique contre des murailles de montagnes, sans qu'on puisse comprendre d'où il tire la nourriture nécessaire à sa masse énorme.

Peu d'instants après avoir quitté Bir-el-Bacha,

d'où nous délogeâmes une nombreuse troupe de
singes, nous découvrîmes la ville de Taaz, bâtie sur
un terrain en pente à la base du mont Saber, et do-
minée par la colline escarpée sur laquelle est construite la citadelle nommée el Cahira ou la Victo-
rieuse. Je n'entrai pas dans la ville, mais traversai la
plaine où elle se trouve, pour me rendre directement
auprès du cheikh Hassan, que je retrouvai à Ouadi-
Sina, à une demi-lieue de Taaz, établi dans les ruines
d'une maison au pied du mont Saber, et entouré
de deux ou trois mille de ses soldats, qui dévastaient
les plantations de leurs alliés, les habitants de Taaz,
en attendant qu'ils eussent l'occasion d'exercer
leur instinct destructeur sur leurs ennemis. Dans
cette vallée étroite et profonde où le soleil ne bril-
lait que pendant peu d'heures, l'air était froid et
humide, et ce fut avec plaisir que je m'assis auprès
du cheikh et me réchauffai à un grand feu que l'on
entretenait avec les branches de caféyer d'un jardin
voisin. Le cheikh venait de se lever et allait prendre
son premier repas, auquel il m'invita, et qui, très-
simple, comme la nourriture de tous les habitants
de l'Yémen, ne consistait qu'en viande de mouton
bouillie et en galettes de pain extrêmement minces
et arrosées de beurre et de miel. Il me demanda si
j'avais été content de la manière dont son fils
Càsem m'avait traité pendant son absence, et je
n'eus garde de m'en plaindre, ni surtout de lui

parler des scènes dont j'avais été le témoin et le complice involontaire. Lorsque je me fus reposé pendant quelques instants et que j'eus pris le café et fumé le kidr du cheikh, c'est ainsi qu'ils nomment le narguilé ou pipe persane à fumer le tombac, il chercha à me trouver un gîte, et pensant que je serais trop gêné en restant auprès de lui, au milieu de la soldatesque campée aux alentours, il m'assigna un logement dans un petit village nommé Djennât, situé à une demi-heure de chemin au-dessus de celui qu'il habitait, et tellement placé, que de la maison qui me fut destinée on aurait presque pu jeter des pierres sur celle du cheikh. Pour y arriver on suivait pendant quelques instants le fond du ravin de Sina, puis on montait directement le long des flancs de la montagne en escaladant les rochers. Les chameaux ne pouvant y arriver, mes caisses, dont quelques-unes étaient très-lourdes, y furent montées par les femmes du village, qui les portèrent sur leur tête, et malgré ce fardeau elles grimpaient sur les rochers avec une agilité qui aurait fait honneur à des chèvres. Dans ces montagnes ce sont toujours les femmes qui portent les fardeaux, et presque toujours sur leur tête, tandis que les hommes, si quelquefois ils s'abaissent à ce travail, chargent toujours sur leur dos ce qu'ils ont à porter.

CHAPITRE VII.

Le village de Djennât peut donner une idée de tous ceux des montagnes; les maisons sont construites en pierres grossièrement taillées, couvertes d'une terrasse en terre et placées irrégulièrement dans tous les endroits où les rochers ont laissé un espace libre. Elles sont souvent bâties les unes au-dessus des autres; ainsi, pour arriver à celle que j'occupais, et qui appartenait au chef du village, j'étais obligé de monter de terrasse en terrasse, et ma chambre, petite, mais assez propre et cimentée, ce qui la mettait à l'abri de la vermine, terminait cette espèce de ruche. Du côté du midi la vue, suivant le cours irrégulier du ravin, était bientôt arrêtée par la muraille de montagnes qui le terminait, et dont le sommet était souvent perdu dans les nuages; mais au nord le vallon en s'ouvrant laissait voir une partie de la plaine de

Taaz et l'horizon de montagnes dans lesquelles se trouvait Cahim.

Ce village était habité par une vingtaine de pauvres familles vivant du produit de leurs jardins ou de leurs champs, à l'exception de quelques-unes, qui étaient juives. Les juifs sont assez nombreux dans l'Yémen, où ils vivent, comme partout, étrangers à la population, exerçant quelques métiers, menuisiers, orfévres, ou fabriquant de l'eau-de-vie pour la consommation clandestine des musulmans. Très-pauvres et très-ignorants, ils sont habillés comme le reste des habitants; seulement ils n'ont pas de turbans et ne portent qu'une simple calotte sur la tête; on les reconnait d'ailleurs non seulement à leur physionomie, mais encore aux deux mèches de cheveux qu'ils laissent pendre de leurs tempes et qui sont un signe distinctif de leur race dans tout l'Orient.

Mon hôte, appelé Shamsân, était un homme bon et simple, pour lequel le monde s'étendait à peine jusqu'à Taaz. Il venait tous les soirs chez moi pour recevoir une ration de cât, et passait alors des heures entières à me regarder sans rien dire. Il avait reçu l'ordre de me fournir tout ce dont je pourrais avoir besoin, et le faisait d'autant plus volontiers, que je lui en payais la valeur, et malgré la défense du cheikh Hassan il l'acceptait, bien sûr que je ne le trahirais pas auprès de celui-ci. J'é-

tais parfaitement libre de mes actions, parce que le
cheikh avait sévèrement défendu à ses soldats de
monter au village que j'habitais. Je n'étais averti
de leur proximité que par le bruit des timbales et
par leurs chants sauvages, que l'éloignement rendait assez mélodieux ; je pouvais en conséquence
parcourir sans crainte les environs, et je passai dans
ce village près d'un mois, dont le souvenir est un
des plus agréables de ceux que m'ont laissés mes
voyages.

La vallée de Sina n'était presque qu'une fente
dans la montagne ; cependant elle contenait plusieurs villages, et ses deux côtés, taillés en terrasses,
étaient cultivés partout où les rochers en laissaient
la possibilité ; les portions les plus basses et les plus
facilement arrosables offraient de nombreux jardins couverts de grands arbres (généralement des
cordia sebestena), à l'ombre desquels naissaient
des plantations de café ; car c'est ainsi que se cultive cet arbre, qui aime la chaleur et l'humidité,
mais redoute le soleil. Sa culture exige, au reste, peu
de soin, ou du moins on lui en donne peu dans
l'Yémen, car jamais on ne l'émonde et jamais on
n'arrache les mauvaises herbes qui pullulent à son
pied ; on se borne à le planter et à recueillir les
baies, que l'on fait sécher pour en séparer la pulpe
ou kisher. Après sept années, ses produits dimi-
nuent, et on est obligé de le remplacer. Ces plan-

tations étaient arrosées au moyen de l'eau du torrent coulant dans le fond du ravin, et que l'on dérivait par des prises faites dans les parties supérieures.

Le mont Saber, sur lequel je me trouvais alors, est une masse trachytique considérablement plus élevée que les montagnes qui l'entourent, étendue de l'est à l'ouest, se continuant par son extrémité occidentale la plus basse avec le mont Habeschi, mais s'élevant à l'autre, et se terminant par un escarpement dont le sommet domine une vaste plaine ondulée, dans laquelle est bâti Taaz, et qui se continue fort loin au nord-est et sert de route vers Sana. Ses flancs, tellement escarpés qu'à une certaine distance ils paraissent perpendiculaires et qu'on ne peut comprendre sur quoi sont appuyés les nombreux villages qui de loin paraissent comme des taches blanches sur le fond obscur du terrain, sont coupés par des vallées ou ravins très-profonds arrosés par de nombreux ruisseaux et soigneusement cultivés partout où la culture est possible. L'extrême difficulté du terrain, qui donne tant d'avantage dans une guerre défensive, et l'union des habitants entre eux toutes les fois qu'il s'agit de repousser les attaques d'un ennemi commun, leur ont toujours permis de résister à la tyrannie des souverains de l'Yémen, et surtout de se défendre avec succès contre les dépradations des soldats au service des

différents chefs qui se sont partagé les contrées en-
vironnantes. Peu de temps avant mon arrivée, par
exemple, le cheikh qui commandait dans le Hod-
jérié, province située à la base méridionale du mont
Saber, cousin du cheikh Hassan, mais son ennemi
mortel par la raison très-valable que celui-ci avait
tué son père, ayant voulu tenter de lever des contributions dans les villages de la montagne, les
soldats qu'il avait envoyés furent attaqués par les
habitants et tués jusqu'au dernier. La tranquillité
relative, la sûreté des propriétés, et les bénéfices
considérables que ceux-ci tirent de leurs plantations de cât, les plus estimées de l'Yémen, donnent
à cette montagne un aspect d'aisance et de bien-
être contrastant singulièrement avec les environs;
partout les villages bien bâtis et bien entretenus, et
le terrain coupé en terrasses s'élevant les unes au-
dessus des autres pour la culture du blé, du doura,
du cât ou du café, donnent l'idée d'une heureuse
et industrieuse activité.

Le lendemain de mon arrivée à Ouâdi-Sina, j'allai
avec le cheikh Hassan rendre visite à l'iman de
Taaz. Cette ville, autrefois florissante, mais presque complètement ruinée à présent par les guerres
civiles et les brigandages des soldats au service de
ceux qui s'y sont disputé le pouvoir, est située
dans une plaine qui paraît avoir été partout cultivée. De nombreux aquéducs ou conduits cimen-

tés, encore existant, y conduisaient et distribuaient l'eau du mont Saber; mais aujourd'hui les habitants, sûrs de ne pas récolter le fruit de leurs peines, en ont abandonné la culture, et elle n'est plus couverte que par une abondante végétation de différentes espèces d'euphorbes sans feuilles, à tiges grasses et épineuses, dont l'aspect est tout particulier. En général, ces plantes semblent affectionner le niveau auquel se trouve Taaz, c'est-à-dire à peu près la moitié de la hauteur totale des montagnes; car on les retrouve en plus ou moins grande abondance toutes les fois qu'on y arrive.

La ville est entourée d'une muraille d'une épaisseur assez considérable pour que plusieurs cavaliers puissent y marcher de front; elle est construite en briques crues mais recouverte en pierres et ses deux extrémités partent d'une colline escarpée, détachée du mont Saber, au sommet de laquelle est la citadelle. Quoique ruinée maintenant, cette muraille pourrait encore résister au canon; mais la ville et la citadelle même, étant dominées de toutes parts, ne pouvaient cependant pas faire une longue résistance à une attaque régulière; il serait d'ailleurs facile de couper les conduits qui apportent l'eau de la montagne dans l'intérieur, et de réduire ainsi les habitants à l'impossibilité de se défendre. Le terrain en amphithéâtre compris dans l'enceinte était autrefois rempli de belles maisons,

fort bien bâties en pierre; mais il en reste à peine
une vingtaine aujourd'hui, et elles sont remplacées
par de misérables cabanes, les habitants n'osant pas
en construire de meilleures, dans la crainte où ils
sont continuellement de voir les soldats s'en emparer et les démolir uniquement pour alimenter leurs
feux avec le bois qui entre dans leur construction.
Si j'en crois les assertions du cheikh Hassan, cette
décadence complète est d'une date récente ; car il
m'assurait qu'à l'époque où il était gouverneur de
la ville, elle ne contenait pas une douzaine de maisons ruinées, et que la dévastation actuelle avait
suivi son départ et était due à la faiblesse de ses
successeurs. Quoiqu'il y eût probablement de l'exa-
gération dans ce fait, il est certain que les habitants
le regrettaient, son pouvoir tyrannique, mais fort,
étant préférable aux guerres civiles et à la nullité
du gouvernement.

On voit encore dans l'intérieur de la ville deux
grandes mosquées qui, pour l'étendue et l'aspect
imposant, mais non pour le fini du travail et la perfection de l'architecture, peuvent se comparer aux
mosquées du Caire ; mais il est à craindre que, s'il
ne s'élève pas dans ce pays un gouvernement ayant
la force et la volonté de veiller au bien-être et à la
tranquillité des habitants, ces restes d'une ancienne
prospérité ne finissent par disparaître, abandonnés
comme ils le sont à l'action destructive du temps.

C'est ce qui est déjà arrivé à plusieurs monuments cités par Niebuhr, et entre autres à ceux qui de son temps se voyaient hors de la ville ; ils ne sont plus maintenant que des monceaux de ruines.

Après avoir passé la porte, placée entre deux tours massives, je suivis pendant quelques moments des rues formées par des maisons ruinées, et arrivai en compagnie du cheikh Hassan et d'une troupe, de ses officiers dévoués, par lesquels, de peur de trahison, il se faisait toujours accompagner lorsqu'il entrait dans la ville, à une place où se trouvait le palais ou plutôt la maison de l'iman. Nous attendîmes quelques instants sous un vestibule voûté, autour duquel étaient assis quelques soldats, et bientôt nous montâmes par un petit escalier obscur chez le visir de l'iman, le cheikh Ahmed, que nous trouvâmes assis sur un tapis, entouré de quelques écrivains et mangeant du cât. Les branches dépouillées de leurs feuilles, que lui et les assistants avaient déjà mangées, couvraient le plancher. Dans l'Yémen la politesse exige qu'on distribue de cette plante non seulement aux personnes de sa maison, mais encore à celles qui viennent vous visiter, comme on offre le café dans le reste de l'Orient. Il en résulte que les personnes qui par leur position reçoivent beaucoup de monde ont bientôt leur appartement jonché des débris du repas. Je trouve quelque chose de social dans cet

usage; j'aime la vue de ces paquets de branches
verdoyantes, dont l'odeur est agréable, et dont
l'effet vous porte insensiblement à prendre plaisir
à ce que chacun dit et à chercher à le rendre. De
l'encens que l'on a soin de brûler de temps en
temps ajoute un peu à l'enivrement, et les heures
passent plus vite et plus agréablement que dans nos
sociétés, où l'on est obligé de parler, n'eût-on rien
à dire, et où rien n'est plus difficile que de ne pas
avoir une contenance ridicule.

Après quelques questions que le visir me fit sur
le but de mon voyage dans l'Yémen, but que je
cherchais à faire comprendre le mieux qu'il me fut
possible et à justifier, selon mon usage, par son
utilité médicale, le cheikh Hassan me fit montrer
mon fusil à piston et un briquet phosphorique;
suivant son conseil je les avais apportés avec moi;
et comme toujours ils excitèrent l'étonnement et
l'admiration. Je pus m'apercevoir alors que le
cheikh tirait parti de ma présence auprès de lui
pour augmenter sa considération personnelle, et
que son amour-propre, flatté de la présence dans
sa maison d'un savant médecin européen, était pour
quelque chose dans l'intérêt qu'il me témoignait et
la protection qu'il accordait à mes recherches. Je fus
ensuite conduit auprès de l'iman; ce haut personnage habitait, par humilité, une toute petite chambre dans les combles de sa maison. Cet homme,

voulant supplanter son neveu odieux par ses dé-
bauches de tous les genres, avait jugé à propos de
se concilier l'estime publique par une conduite
opposée; il affectait une grande piété, s'habillait
simplement (son costume ne différait de celui des
habitants aisés que par la couleur verte de son
béniche), priait continuellement, et jeûnait toute
l'année, c'est-à-dire que, selon l'usage des musulmans dans leurs jeûnes, il ne mangeait qu'après le
coucher du soleil. Cette sainte conduite, sincère ou
simulée, ne profitait guère, au reste, à l'affermis-
sement de son pouvoir, dans la durée duquel personne n'avait confiance, et que l'incurie seule de
l'iman de Sana avait laissé s'élever; il n'était évidemment qu'un instrument dans les mains des
différents chefs, et ceux-ci ne le mettaient en avant
que pour servir leurs propres intérêts à la faveur
du désordre causé par ses prétentions. Tout le
monde disait, et le cheikh Hassan comme les autres, que dans les affaires de ce monde la prière
servait moins que le sabre, et que l'iman, avec ses
excellentes intentions, servirait mieux sa propre
cause en se montrant plus guerrier et moins religieux, et en donnant aux soldats l'exemple de la
résolution plutôt que celui de la sainteté.

Je le trouvai priant sur un modeste tapis, occu-
pation que probablement il s'était empressé de
commencer quand il avait entendu quelqu'un s'ap-

procher de sa chambre. J'attendis debout qu'il eût
terminé ses nombreuses génuflexions, après lesquelles il me fit asseoir, me fit d'une voix humble
et doucereuse quelques questions, me parla avec
tristesse de l'état misérable de son pays, de son
amour pour le bien public et de ses efforts pour
faire refleurir l'ordre et la religion; et lorsque je
pris congé de lui, il me pria d'aller voir un de ses
neveux qui était fort malade, et pour la guérison
duquel il me pria de faire tous mes efforts, me promettant de splendides récompenses si je réussissais.
Quelque répugnance que j'eusse à exercer la médecine chez les musulmans, qui ne manquent pas,
si le malade guérit, d'en attribuer la gloire à Dieu,
et s'il meurt, de maudire le médecin, je ne pus re-
fuser, et on me mena chez le malade, que je trouvai
réduit à l'extrémité par une dyssenterie qui durait
depuis plusieurs mois. De nombreux serviteurs et
amis, empressés autour de lui, cherchaient à réta-
blir ses forces en lui faisant manger tout ce qu'ils
pouvaient imaginer de plus substantiel, et la chambre était remplie de plats de toutes les sortes. Quoiqu'il n'y eût aucun espoir de le guérir, je com-
mençai par lui ordonner la diète et lui prescrire
un régime convenable; je fis dire à son oncle que
je ne consentais à le traiter qu'à condition qu'il
promît de suivre mes avis; mais, par mesure de précaution, j'eus soin d'ajouter que je ne croyais pas à

son rétablissement, Dieu seul, dans l'état où il était, pouvant encore le sauver. Je retournai ensuite à mon habitation de Djennât, d'où je lui envoyai quelques remèdes ; ils produisirent un effet si favorable, que je conçus quelque espérance ; mais malheureusement à peine se trouva-t-il mieux, que, voulant reprendre ses forces plus promptement, il cessa la diète et eut en conséquence une rechute qui lui fut fatale.

Ce ne fut pas la seule fois que je fus appelé comme médecin, qualité attribuée, comme on le sait, par les Orientaux à tous les Européens qu'ils voient ; mais venu dans le pays pour un tout autre motif, et sûr que si je cédais aux sollicitations, je n'aurais pas un moment libre pour mes recherches, outre que je n'avais avec moi que quelques médicaments pour mon usage occasionnel, je résistais toujours aux demandes, à moins que le cheikh Hassan ne me priât de soigner quelque personne à laquelle il prît intérêt. Une fois, selon son désir, j'allai voir un de ses parents ou alliés, vieillard octogénaire, qui se plaignait de l'affaiblissement de sa vue, malheur bien concevable à son âge, et contre lequel la médecine ne pouvait rien. Je trouvai ce vieux cheikh logé à l'entrée de la vallée de Sina, dans une hutte de branchages tellement basse qu'il n'était pas possible de s'y tenir debout. N'ayant plus de dents pour mâcher le cât, dont il avait une habitude

de près d'un siécle, il tenait à la main un petit mor-
tier de bois dans lequel il pilait continuellement
des feuilles de cette plante, qu'il avalait ensuite sans
avoir besoin de les mâcher. Outre sa vue, le vieux
cheikh regrettait encore d'autres plaisirs, tout
aussi impossibles à lui rendre; et, confiant dans ma
science, il me supplia de l'employer dans ce double
but; mais l'un et l'autre sens étaient perdus pour
lui, et je ne pus que l'engager à faire ses efforts
pour mériter le paradis de sa religion, où il retrou-
verait la vue et la jeunesse. Il prit assez bien cet
aveu de mon impuissance à le soulager, et pour me
payer de ma visite et de quelques médicaments
innocents et inutiles que je lui donnai pour ses
yeux, il m'envoya par un de ses hommes, qui vint
pour les chercher chez moi, deux talaris; je les
refusai, et celui-ci probablement les garda pour lui;
car il m'assurait que jamais il n'oserait les rendre
au cheikh, pour lequel ce serait un affront. Cet
homme, en voyant mes caisses qui ne contenaient
que du papier et des plantes, me dit d'un air mystérieux : « C'est l'argent du cheikh qui est là. » Ce
fut le premier indice que j'eus des bruits répandus
sur la valeur de mon bagage, et je ne tardai pas à
en avoir d'autres preuves plus inquiétantes.

CHAPITRE VIII.

Je ne retournai plus qu'une ou deux fois à Taaz,
pour faire d'infructueuses visites à mon malade ;
la curiosité que j'excitais et l'importunité des habitants ou des soldats, qui se rassemblaient sur
mon passage, non pour m'insulter, mais pour me
voir ou me demander des remèdes, me rendaient
chaque course désagréable, et je restais dans mon
tranquille séjour de Djennât, où je vivais en paix, et
dont je parcourus librement les environs ; j'y trouvais une végétation déjà très-différente de celle
que j'avais vue ailleurs ; la pureté et la fraîcheur
de l'air me faisaient trouver un grand plaisir dans
l'activité, et mes journées se passaient soit dans des
courses, soit dans le travail. Le soir j'avais autour
de moi une petite société composée de mon hôte
Shamsân et de ses enfants, dont l'ignorance et la

simplicité surpassaient tout ce qu'on peut imaginer, et de mon compagnon Ezzé, qui, passant la journée auprès du cheikh, venait me rapporter les nouvelles du jour et m'informer des progrès des négociations. « *Eddounia saketa*, — le monde est tranquille, » tel était l'exorde ordinaire de son feuilleton politique ; monde qui ne s'étendait pas loin, mais dans lequel je vivais alors, auquel je m'intéressais en voyant l'intérêt que les autres y prenaient, et duquel, en vérité, je regrettai de sortir. Pour alimenter la conversation, chacun prenait part à la distribution de càt nécessitée par un usage auquel j'avais pris goût moi-même, et les heures se passaient rapidement, jusqu'au moment où les timbales solennelles du cheikh nous avertissaient qu'il était minuit.

Dans l'après-midi, lorsque j'avais terminé ma tâche d'herborisation matinale et de soins nécessités par la dessiccation des plantes, je descendais avec Ezzé au fond du ravin, où, assis au bord du ruisseau, nous attendions le passage des femmes qui portaient à la ville les branches de càt coupées dans la journée ; ces branches étaient soigneusement enveloppées dans des feuilles de bananier pour en conserver la fraîcheur, et destinées à être portées de Taaz, où s'en tient le marché, jusqu'à Hodeida ou Moka, transport qui se fait au moyen d'ânes qui marchent très-vite. C'était un spectacle amusant

que celui de ces troupes de femmes descendant de
toutes les parties de la montagne, sautant de rocher en rocher pour arriver plus vite, avec une
sûreté et une rapidité telles qu'elles faisaient chaque jour une course qui me parut à moi très-fatigante à faire en deux, et passant devant nous qui
les attendions pour faire notre provision du soir.
Dans les montagnes, mais surtout sur le mont
Saber, les femmes sont remarquablement belles; ce
dont on peut facilement s'assurer, parce que, contrairement à l'usage de tous les pays musulmans,
elles sortent le visage découvert. A des traits presque italiens, à un teint presque blanc, et qui l'est
assez pour que les joues se colorent, elles joignent
l'avantage de ces formes parfaites que l'on ne peut
guère admirer que dans les pays où l'on est encore
ce que Dieu a voulu qu'on soit. Malheureusement
les travaux auxquels elles sont obligées de se livrer,
et leurs courses continuelles sans chaussures sur
les rochers, leur déforment les extrémités, et leurs
mains et leurs pieds sont loin d'avoir cette délicatesse féminine qui séduit tant dans une femme.

Leur costume est très-simple et presque semblable à celui des hommes, et n'en diffère qu'en ce
que la chemise ou tunique, plus longue que celle
de l'autre sexe, est brodée et enjolivée autour du
col, qu'elles ne portent sur la tête qu'un simple
mouchoir de toile bleue, qui pend sur leurs épau-

les, et que leur long pantalon a aussi le bas des jambes brodé de diverses couleurs. J'appris là que cette pièce de vêtement est plus essentielle à celui des femmes qu'à celui des hommes, qui effectivement n'en portent généralement pas dans l'Yémen; son usage est pour elles presque un devoir religieux, le prophète ayant déclaré que la bénédiction de Dieu serait sur les femmes qui en porteraient; précepte qu'il donna en voyant tomber une femme dont, grâce à son pantalon, la pudeur n'eut point à souffrir de cet accident. La tunique des femmes, plus longue que celle des hommes, les gênerait dans leurs chemins montagneux, et pour éviter cet inconvénient elles en relèvent toujours la partie antérieure et l'attachent à leur ceinture. Leurs seuls ornements sont des bracelets en argent ou en ivoire, des pendants d'oreilles, et souvent un anneau passé dans le cartilage du nez suivant l'usage des Bedouines. Ces ornements, quelquefois joliment travaillés, sont fabriqués par les juifs du pays. L'absence du voile indique chez ces femmes une plus grande liberté que dans le reste de l'Orient; aussi leur familiarité et la parfaite aisance de leurs manières et de toute leur conduite, pendant que nous faisions nos achats, marchés qu'Ezzé aimait à prolonger et rendait fort amusants pour elles et pour moi par sa gaieté et son esprit, étaient-elles bien loin de l'embarras et de la gêne que témoignent en gé-

néral les femmes de l'Orient lorsqu'elles se trouvent en présence des hommes.

Je descendais rarement auprès du cheikh Hassan,
car il n'était pas souvent possible de le trouver
libre, quoique, contrairement à son usage constant
à Hais et à Maammara, il fût toujours accessible;
mais dès le matin les officiers de l'iman ou les différents chefs se rendaient auprès de lui pour traiter
de leurs affaires, et se succédaient continuellement
non seulement pendant la journée, mais encore
pendant toute la nuit jusqu'au point du jour.
L'ayant trouvé seul une fois, il fit retirer ses domestiques, et me demanda mon humble opinion sur
l'avenir probable que lui offrait son alliance avec
les Turcs; il me demanda si je pensais qu'en
échange de ses services il pouvait de son côté espérer qu'ils lui assurassent, en cas de succès, une position digne de ses efforts et de son puissant secours. Je vis qu'il n'aspirait à rien moins qu'à gou-
verner l'Yémen au nom du pacha d'Égypte. Malgré
la fausse position dans laquelle je me trouvais,
ayant été introduit et recommandé auprès de lui
par Ibrahim-Pacha, je n'eus pas le courage de men-
tir et ne pus m'empêcher de lui dire que je ne
croyais pas à la bonne foi des Turcs, et que je crai-
gnais qu'après la réussite de leurs projets ils ne
fissent comme ils faisaient toujours, et ne trompas-
ent sa confiance en eux. Il me remercia de mon

s

inutile franchise, m'assura qu'il se souviendrait de
mes avis et se tiendrait sur ses gardes; mais il était
tropavancé pour pouvoir reculer; déjà un de ses fils
avait été envoyé en otage auprès d'Ibrahim-Pacha,
en échange des dix mille talaris que mes caisses
avaient servi à transporter; et d'ailleurs, comme
tous les Arabes, qui avec toute leur finesse sont toujours dupes des piéges les plus grossiers, parce
qu'ils les croient trop évidents et trop clairs pour
qu'on ose s'en servir, il comptait sur sa ruse, et sa
confiance lui fut fatale.

Lorsque j'eus épuisé les environs de mon habitation, je demandai au cheikh Hassan la permission
d'aller jusqu'au sommet du mont Saber, où se
trouvaient, disait-on, les ruines d'un ancien château qui excitaient ma curiosité. Comme le caractère souçonneux des habitants et leur répugnance
à recevoir chez eux des étrangers rendaient cette
course assez dangereuse, il chargea quelques-uns de
ses hommes de m'accompagner, et prévint d'avance
de mon caractère et de mes motifs les différents
cheikhs de la montagne, avec lesquels heureusement
il était alors dans les meilleures relations. Ezzé
vint avec moi, selon son usage, et je me fis suivre en
outre par mon hôte Shamsân, qui, appartenant à la
montagne, pouvait me servir de protecteur. De sa
vie cependant il n'avait eu l'idée de monter jusqu'au sommet; mais il connaissait presque tous les

habitants, qui passaient près de son village pour se
rendre à Taaz. La route étant impraticable pour
des animaux chargés, je fis, selon l'usage, porter par
les femmes les effets que je pris avec moi et le papier nécessaire pour mes recherches botaniques ;
pour moi, je marchais à pied, distrait de la fatigue
par l'intérêt de mon excursion, et le plaisir puéril
que j'avais à fouler un sol encore vierge du pas des
Européens.

En partant de Djennât le matin, nous suivîmes le
lit du torrent, alors presque à sec, montant assez
rapidement en èscaladant les gradins irréguliers
formés par les énormes galets roulés par ses eaux.
Nous dépassâmes plusieurs villages entourés de
jardins, entre autres Birket-essheeba et Rahba ; ce
dernier, situé sur un terrain plus fertile et dans
un endroit où la vallée s'élargit un peu, était entouré de plantations de café et d'arbres fruitiers,
ou de champs de blé, de maïs et de doura. Outre
quelques fruits tropicaux, tels que d'excellentes bananes et des annonas ou pommes cannelles des co-
lonies, on trouve sur le mont Saber beaucoup des
fruits de l'Europe : de très-bons raisins, des abri-
cots, des pêches, des pommes et des coings dont
la chair est plus douce et plus tendre que celle des
nôtres et peut se manger crue avec plaisir; leur
forme est aussi différente de celle des coings de
notre pays et ressemble à celle des pommes de

calville. Cette espèce ou variété n'est pas, au reste, particulière à l'Yémen, mais se trouve aussi dans le Hedjaz et en Perse. Relativement au nom de la pêche, j'ai remarqué dans l'Yémen une particularité assez singulière : on ne lui donne pas le nom usité dans le reste des pays où l'on parle arabe, celui de *khokh*, mais on l'appelle *fersek*, mot qui semble être la forme arabe et la transcription presque exacte de son nom latin *persicum*, la langue arabe n'ayant pas de P et le remplaçant par l'F. Il n'est cependant pas probable que le fruit ni son nom aient été introduits là par les Romains, qui n'ont jamais possédé le pays et n'ont fait qu'une tentative infructueuse pour s'en emparer, sans qu'on sache même bien positivement jusqu'à quel point ils ont porté leurs armes. Chemin faisant, Shamsân répondait aux questions que les habitants, en nous voyant passer du haut des montagnes, faisaient sur notre compte; il était singulier de voir à quel point l'habitude lui avait donné la faculté d'entendre la voix de ses interlocuteurs à des distances telles que pour mon oreille le son était à peine perceptible; je croyais d'abord qu'il parlait tout seul; car en répondant il ne faisait aucun effort pour élever sa voix et la faire parvenir à une distance plus considérable que dans une conversation ordinaire.

Après avoir dépassé Rahba, où nous déjeunâmes à l'ombre d'une plantation de café, nous quittâmes le fond du vallon et montâmes directement sur le flanc de la montagne par un chemin très-escarpé, jusqu'à ce que dans l'après-midi nous arrivâmes à un grand village nommé Haguef, chef-lieu de la montagne, et situé au sommet d'un des ravins qui se jettent dans celui de Sina. Les maisons de ce village, dispersées sur les deux bords du ravin, sont assez bien bâties en pierres, et généralement à deux étages, dont l'inférieur, destiné à servir d'étable ou de magasin, est toujours très-obscur; et à moins d'en avoir l'habitude, il faut y chercher à tâtons son passage pour parvenir à l'escalier qui conduit à l'étage supérieur, le seul habité. Cet usage paraît avoir été adopté par les montagnards de l'Yémen parce que, malgré leurs habitudes sédentaires et leurs mœurs plus civilisées que celles des autres Arabes, ils n'en ont pas moins conservé le funeste usage des guerres de famille; ils ont en conséquence toujours à craindre d'avoir à se défendre contre un de leurs ennemis qui voudrait venger sur eux la mort d'un de ses parents ou ancêtres tué peut-être cent ans auparavant. Ce mode de construction dans leurs maisons leur donne en cas d'attaque le temps de préparer leur défense et le moyen de détruire les assaillants pendant qu'ils cherchent leur passage dans l'obscurité.

Les environs de Haguef sont extrèmement bien cultivés; les terrasses sont bien entretenues, bâties

avec les pierres retirées des terrains qu'elles sont
destinées à supporter, et on les arrose au moyen
de sedd ou citernes qui retiennent les eaux des
petits ruisseaux descendant de chaque ravin; elles
s'amassent dans ces réservoirs jusqu'à ce qu'il y en
ait une quantité suffisante pour qu'en leur ouvrant
un passage, elles puissent saturer la terre d'une ou
plusieurs de ces terrasses. On y cultive du blé, de
l'orge, du maïs, des arbres fruitiers, mais principalement du cât; cet arbre forme en effet la culture la plus importante du mont Saber, et c'est
lui qui attire tous les soins des habitants; on le
plante par boutures, et on le laisse trois années sans
y toucher, en ayant soin seulement de fumer et
d'arroser le terrain s'il est nécessaire. La troisième
année, on arrache toutes ses feuilles en laissant
seulement les bourgeons de l'extrémité de chaque
rameau, qui l'année suivante se développent en
jeunes branches. On les coupe alors et on les vend
en paquets sous le nom de cât moubarreh; c'est la
qualité inférieure. L'année suivante, sur les branches ainsi tronquées poussent les nouveaux bourgeons, que l'on coupe de nouveau et que l'on vend
sous le nom de cât methani ou de seconde coupe.
C'est le plus estimé et par conséquent le plus cher;
les jeunes feuilles et les bourgeons en sont très-
tendres, et ont un goût assez semblable à celui de la
noisette fraîche.

Les branches de cet arbre sont dans l'Yémen l'objet d'un commerce intérieur bien plus important que celui du café et bien plus lucratif pour les propriétaires. Il en descend tous les jours du mont Saber une quantité considérable, dont la valeur, déjà assez grande sur le lieu même, s'accroît promptement en raison de la distance du lieu où on le transporte. Son usage, devenu une nécessité pour tout le monde, coûte assez cher; car il est facile sur le mont Saber même d'en consommer pour quatre ou cinq francs par jour, à cause de la libéralité avec laquelle on en fait part à tous les visiteurs. Le cheikh Hassan, que sa position mettait dans l'obligation de recevoir jour et nuit les principaux personnages du pays, en achetait pour plus de cent francs par jour pendant son séjour à Ouadi-Sina.

Je fus bien reçu à Haguef, où je logeai chez le cheikh Ahmed, chef du village, qui tua un mouton en mon honneur et me fournit du cât à discrétion. Cela me donna l'occasion d'apprendre à mes dépens que fraîchement coupé il enivrait fortement, mais d'une ivresse très-passagère. Après une longue conversation et une nuit que je passai sur la terrasse de sa maison, j'employai à herboriser dans les environs du village la journée suivante, que j'avais consenti à y passer pour faire plaisir à mon compagnon Ezzé. Il avait remarqué,

la veille, la beauté de la fille du cheikh, fraiche et
jolie enfant de quatorze ans, et sachant que le
cheikh Hassan verrait avec plaisir un de ses hommes de confiance contracter une alliance avec
un des cheikhs de la montagne , il avait résolu de
la demander en mariage. Il fallait au moins un jour
pour discuter les conditions, dont la principale fut
qu'elle ne quitterait pas son village, mais qu'Ezzé
y aurait une maison pour elle et ne l'emmènerait
pas à Hais, loin de sa famille. Quant à la jeune fille,
j'ignore si son consentement fut considéré comme
nécessaire, mais elle ne s'effrayait certainement
pas du regard des hommes.

CHAPITRE IX.

Le lendemain matin, pour plus de sûreté, le
cheikh Ahmed ajouta un de ses cousins à ma petite
escorte, et nous partîmes de Haguef en montant
directement sur le flanc de la montagne par un
chemin très-escarpé et très-fatigant, où nous fûmes plusieurs fois obligés de nous arrêter pour
reprendre haleine. Deux heures de cette marche
pénible nous conduisirent enfin sur la crête du
mont Saber, mais non à beaucoup près sur le point
le plus élevé. Auprès de nous était un grand village
dont les maisons blanchies à la chaux paraissaient
indiquer la propreté et l'aisance, mais dans lequel
je ne voulus pas entrer, préférant continuer ma
route, sur laquelle je rencontrai un Arabe armé de
son fusil dont la mèche était allumée. Lorsque je
lui demandai la cause de cette précaution, il me
répondit qu'il était habitant de Taaz, et que comme

il y avait du sang entre lui et le cheikh Hassan, il avait été obligé de fuir sur la montagne à l'approche de ce dernier; de crainte de surprise, il ne sortait pas sans être préparé à défendre sa vie. Je fus fort heureux qu'il ne pût y avoir entre le cheikh et moi aucun soupçon de parenté; et après avoir refusé l'offre de la protection de cet homme, je poursuivis ma route, continuant à monter, mais par une pente moins raide, et suivant la crête de la montagne de manière à voir souvent les deux versants à la fois; cela me permit de remarquer que la pente méridionale en était mieux arrosée et beaucoup plus fertile et cultivée que la pente septentrionale. Peu de temps après, j'arrivai à un bois d'une espèce de genévrier formant de grands arbres dont l'odeur résineuse me rappela vivement d'autres temps et d'autres lieux; effet encore augmenté par la vue de beaucoup de plantes de nos champs qui se retrouvaient à cette hauteur où la température était favorable à leur végétation. Parmi ces plantes je remarquai un rubus ou mûrier ronce très-semblable à celui de nos haies, et un rosier ou églantier dont le tronc acquiert des dimensions extraordinaires pour un arbrisseau de ce genre; quelques-uns sur le bord de la route avaient près d'un pied de diamètre.

Au milieu de ce bois est une petite mosquée bien entretenue, bâtie à l'endroit où, selon la tradition des Arabes, est enterré Jethro, beau-père de Moïse, nommé par eux le prophète Shoaïb, Nabi-Shoaïb. Je ne pus y entrer, et fus même obligé, pour complaire aux Arabes qui m'accompagnaient, de suivre leur exemple et d'ôter mes souliers en passant auprès de cet endroit, qu'ils paraissaient respecter beaucoup. De Nabi-Shoaïb nous continuâmes à monter par une pente assez douce, et nous déjeunâmes dans un petit village au milieu d'un groupe de jolies filles qui me regardaient avec curiosité, et riaient de tout leur cœur de mon costume, de ma tournure et de mes moindres mouvements. Nous dépassâmes ensuite les ruines d'un grand château dont la construction était attribuée par les habitants aux Arabes païens ; et peu avant le coucher du soleil, la fatigue nous obligea à demander l'hospitalité pour la nuit dans un petit hameau dont les habitants, étant en guerre avec ceux des villages voisins, ne nous reçurent qu'après nous avoir bien examinés à travers les meurtrières ou petites fenêtres dont leurs maisons étaient percées. L'un d'entre eux consentit enfin à nous recevoir chez lui, et un mouton que j'achetai et fis tuer cimenta bientôt la confiance.

Les environs de ce petit village étaient bien cultivés, mais les champs ne produisaient que du blé ou de l'orge, le climat, à cause de l'élévation, étant trop froid pour la culture du doura. L'aire à

battre le grain était une enceinte circulaire très-
bien cimentée et très-bien entretenue, dans laquelle
on battait le blé en le faisant fouler aux pieds par
des bœufs non muselés, selon l'ancienne prescrip-
tion de Moïse. Je remarquai aussi dans ce village
un moulin à presser le sésame pour en extraire
l'huile ; c'était un vaste cône en pierre, creusé,
ayant sa base en haut, dans lequel s'emboîtait un
autre cône de pierre de moindre dimension, qu'un
chameau faisait tourner au moyen d'une barre
transversale : les graines s'introduisaient par le
haut, et l'huile s'échappait par une ouverture pra-
tiquée à la pointe.

Après un souper partagé par notre hôte, et une
longue conversation dans laquelle il me raconta les
guerres de son village, je passai une nuit très-
froide, au milieu des nuages, sur le toit de la
maison, où la crainte des puces m'avait forcé à me
réfugier. Ces insectes incommodes, qui n'existent
pas dans les plaines, deviennent en effet tellement
nombreux quand on s'élève dans les parties plus
fraîches des montagnes, que les habitants sont obligés de dormir dans des sacs de toile serrée dont ils
ferment l'ouverture sur leur tête après s'y être
introduits tout armés et tout habillés. Il est souvent singulier de les entendre, après qu'ils se sont
ainsi renfermés dans une espèce de bourse, continuer pendant des heures leur conversation. Ne

pouvant respirer entre de pareils rideaux, et ne pouvant, d'un autre côté, me résigner à être dévoré tout vivant, je préférai, malgré le froid, dormir en plein air, au grand étonnement de mes hôtes, pour lesquels mon habitude de dormir la tête découverte était aussi singulière que leur usage pouvait me le paraître.

Le lendemain matin, nous nous remîmes en route, et après deux heures de marche à travers un pays tout-à-fait européen par sa culture et sa végétation, et continuant à monter en suivant de l'ouest à l'est la crête de la montagne, nous arrivâmes à un village nommé Ahl-el-Cahf. Ce nom lui a été donné parce qu'on y trouve une mosquée bâtie, selon la tradition, sur l'endroit par lequel les sept dormants et leur chien, nommés par les musulmans Ahl-el-Cahf, gens de la caverne, sont sortis de celle dans laquelle ils avaient eu un si long sommeil. On montre au bas de la montagne, près de Taaz, l'entrée de leur grotte, et l'on prétend que pour en sortir ils traversèrent toute l'épaisseur de la montagne.

Au milieu d'une plaine couverte de gazon, située auprès du village, il y avait un petit étang ombragé par un grand genévrier, au bord duquel je m'assis pendant que les Arabes qui m'accompagnaient allèrent faire dans la mosquée leur prière du matin. Pendant que j'étais seul, les habitants du village, fort

étonnés de mon apparition, se rassemblèrent autour de moi, et me demandèrent qui j'étais, d'où
je venais, et où j'allais. J'eus recours à mon prétexte ordinaire, et leur répondis que j'allais sur le
sommet de la montagne chercher des plantes médicinales. Ils me déclarèrent alors qu'ils ne me
permettraient pas d'y aller, parce que le Hosn-el-
Arous ou château de la fiancée, car tel est le nom
qu'on lui donne, était plein de trésors enfouis, et
que je venais sans aucun doute pour les enlever.
Ne pouvant les convaincre du contraire, je jugeai
inutile de discuter avec eux, et, sans leur répondre,
je m'occupai à mettre dans des papiers les plantes
que j'avais recueillies sur ma route. Pendant qu'ils
considéraient avec étonnement ce que je faisais,
l'un d'eux ayant pris mon fusil, je voulus le lui
reprendre, et pendant qu'il le retenait et exami-
nait la batterie, dont il ne pouvait comprendre le
mécanisme, je le lui fis partir sous la figure. Cela
causa un étonnement tel, qu'on me laissa tranquille
jusqu'au moment où, mes domestiques étant reve-
nus, une vive discussion s'engagea pour obtenir le
passage jusqu'au château. Je ne m'en mêlai pas, et
restai à peu près indifférent à ce qui se passait; et
cela m'était facile, car j'étais à peu près arrivé au
point le plus élevé du mont Saber. Je n'avais plus à
espérer de trouver plus haut une végétation différente de celle que j'avais déjà rencontrée, et il n'y

avait plus pour moi qu'un motif de curiosité et de
vanité satisfaite qui me fit désirer d'arriver jusqu'au Hosn-el-Arous, où jamais Européen n'était
parvenu, et sur lequel on débitait des fables mer-
veilleuses.

Après beaucoup de discussions, la crainte du
cheikh Hassan, appuyée par l'éloquence d'Ezzé,
finit par agir sur les habitants, sur lesquels mon
indifférence pour leurs inutiles trésors ne fut pas
non plus sans effet, et ils m'accordèrent la permission désirée, à condition que deux d'entre eux
m'accompagneraient pour me surveiller ; ce à quoi
je ne fis aucune objection. Je partis donc de Ahl-
el-Cahf, non sans être suivi par les regards in-
quiets et sauvages de ses habitants, dont l'un eut
la franchise de me dire que si le cheikh Hassan,
Bisbâs-el-Djebâl, piment des montagnes, comme
on l'appelait dans le pays, n'était pas aussi près,
il me ferait voir que son fusil pouvait tuer quelqu'un tout aussi bien que le mien.

Grâce à Dieu, il n'en fit pas l'expérience, et je
continuai ma route. En partant de Ahl-el-Cahf,
je montai pendant environ une heure et demie à
travers des bois de genévrier et quelques champs
de blé ou d'orge devenant de plus en plus rares,
jusqu'à ce que j'arrivasse enfin à un escalier formé
de grandes pierres bien taillées et unies sans ciment,
conduisant au portail du château de la fiancée.

Passant entre d'immenses citernes bien cimentées, encore en bon état, je parvins sur les murailles ruinées, d'où j'eus le plaisir de découvrir à la fois la mer Rouge du côté de Hodeida, et l'entrée de l'océan Indien du côté d'Aden; on pouvait même voir à l'ouest, par-dessus le mont Habeshi, quelques sommets de la côte africaine. Du point où je me trouvais alors, toutes les montagnes des environs me paraissaient évidemment plus basses, si ce n'est peut-être le Djebel-Rema et le mont Sumara, qui dominaient les autres et se voyaient parfaitement malgré leur distance. Je ne chercherai pas à décrire l'admirable spectacle dont je ne pus jouir que quelques instants, les mauvaises dispositions des habitants d'Ahl-el-Cahf qui m'avaient suivi ne m'ayant pas permis de rester aussi long-temps que je l'aurais désiré. Je me hâtai de déjeuner et d'herboriser parmi les ruines du château, et me mis en route pour redescendre, à la grande satisfaction de mes compagnons, et surtout de mes domestiques égyptiens, qui, peu sensibles à la beauté du coup d'œil et indifférents au but et au résultat de mes recherches, n'avaient aucun plaisir à se trouver à une pareille hauteur.

Ayant à peine eu le temps d'examiner les ruines de ce château, il me serait impossible de faire aucune conjecture sur son origine; il me parut seulement évident qu'il devait dater d'une époque antérieure à l'islamisme ; et la tradition du pays en attribue aussi la construction aux Couffâr, c'est-à-dire aux Arabes du paganisme. Construit à l'extrémité orientale de la crête du mont Saber, dominant la pente très-escarpée et couverte de bois qui le termine de ce côté, l'étendue de ses murailles, irrégulières et fortifiées par des tours, est considérable. Le point le plus élevé semble avoir été occupé par la partie habitée, composée de plusieurs chambres carrées dont on voit les premières assises, et dont une est encore presque entière et domine le reste. Dans l'enceinte formée par ses remparts on trouve plusieurs puits dans lesquels les Arabes n'osent descendre, qui contiennent, selon leurs idées, des trésors gardés par des génies, mais qui conduisent probablement à des appartements souterrains servant autrefois de magasins. Je n'ai vu aucune inscription, mais n'ai point assez cherché pour pouvoir assurer qu'il ne s'y en trouve pas. L'escalier qui conduit au portail se continuait autrefois par un chemin pavé jusque dans la plaine de Taaz, et j'en ai vu sur la route plusieurs portions encore en bon état. Les Arabes, en y marchant, ne manquaient pas de maudire le câfer ou l'infidèle qui l'avait fait construire; singulière manière de récompenser l'auteur d'un ouvrage utile. Quelles que soient l'origine et la destination de ce monument, ses rapports avec ceux qui

se trouvent à l'entour, dont j'avais dépassé l'un sur
ma route, et que les Arabes appellent les Enfants
de la fiancée, sa ressemblance avec celui que vit
Niebuhr sur le sommet du mont Chádra, et avec
ceux que les Anglais ont découverts sur la côte sud-
est de l'Arabie, à Hosn-el-Ghoráb et à Nacab-el-
Hadjar, sa position enfin et son étendue le rendent
très-remarquable, et je regrette vivement que les circonstances ne m'aient pas permis de le visiter avec
soin, et d'y chercher des inscriptions qui peut-
être s'y trouvent.

De Hosn-el-Arous, où je ne trouvai en fait de
plantes que quelques labiées odoriférantes qui,
quoique de genres étrangers à l'Europe, n'en témoignaient pas moins de l'élévation alpine du
sommet, nous redescendîmes rapidement, et passâmes sans nous arrêter à Ahl-el-Cahf, dont les
habitants, convaincus alors, à ce qu'il paraît, que
nous n'emportions pas de trésors, et espérant en
outre tirer quelque profit de notre séjour parmi
eux, nous firent beaucoup d'instances pour nous
engager à passer la nuit chez eux, disant qu'ils
avaient fait tous les préparatifs pour remplir convenablement envers nous le devoir de l'hospitalité,
et que ce serait une honte pour leur village si nous
ne consentions pas à l'accepter. Mais mécontents
de leur conduite envers nous, et voulant les en pu-
nir par cette honte, si réellement il y en avait une,

nous résistâmes à leurs sollicitations, et allâmes coucher dans le même village où nous avions passé la nuit précédente. Le lendemain matin, à la suite d'une discussion au sujet de la route que nous devions prendre, il s'éleva une violente dispute entre mes gens et les habitants du village; on alla jusqu'aux menaces et presque jusqu'aux coups de poignard. Enfin, grâce à la prudence conciliatrice d'Ezzé, la querelle se termina sans fâcheux résultats; mais je dus renoncer à passer de nouveau par Nabi-Shoaïb, où j'avais remarqué quelques plantes, que je ne retrouvai pas sur la route beaucoup plus courte, mais très-dangereuse, qu'on nous obligea de prendre, et qui, au lieu de suivre la crête de la montagne, nous conduisit directement, en descendant le long de son escarpement, jusqu'à Haguef, où nous arrivâmes vers midi. Je désirais aller passer la nuit dans un autre grand village que l'on voit de la plaine de Taaz, et qui contient, dit-on, sept mosquées; mais le refus que firent les femmes portant mon bagage sur leur tête de se détourner de leur route, refus qui avait été la cause première de la querelle, me força d'y renoncer.

Je ne restai que quelques heures à Haguef; j'y fis une dernière herborisation, pendant laquelle je faillis être entraîné par un quartier de roche sur lequel je venais de poser le pied, et qui, se déta-

chant derrière moi, roula jusqu'au fond de la vallée après m'avoir renversé par terre et blessé aux
jambes, pendant que Shamsân, qui m'accompa-
gnait, se bornait, au lieu de me retenir dans une
chute qu'un buisson seul arrêta, à invoquer Dieu
sous son épithète de protecteur, Ia Sâter! Ia Sâter! J'allai ensuite coucher dans mon village de
Djennât, très-heureux d'avoir pu parvenir sain et
sauf jusqu'au sommet du mont Saber, objet des
regrets de Forskall mourant, et enchanté de la riche
récolte de plantes que j'avais pu y faire.

CHAPITRE X.

Le lendemain de mon retour, le cheikh Ahmed, chef de Haguef, envoya dans les villages qui dépendaient de lui, et entre autres à Djennât, quelques soldats pour percevoir les contributions, ce qui ne se fit pas sans beaucoup d'insolence et quelque peu de pillage de la part de ceux-ci, et beaucoup d'imprécations de la part des habitants, dont les femmes surtout, plus sûres de l'impunité, témoignaient leur colère par des injures, et leur désespoir par ce roucoulement aigu particulier aux femmes arabes, et qui, avec une très-légère différence, traduit toutes leurs émotions de joie ou de tristesse. Mon hôte Shamsân voulant mettre à profit mon séjour dans sa maison, vint me prier d'intercéder pour lui, et me remit un acquit tout préparé de sa part des contributions, en me priant de le porter moi-même au cheikh Hassan, qui le signerait à ma requête, ce que je fis avec plaisir pour le récompenser de ses services; et effectivement, le cheikh Hassan signa la quittance, après m'avoir préalablement demandé si j'avais été satisfait de la conduite de Shamsân envers moi.

Peu de jours après, le cheikh Câsem vint rejoindre le cheikh Hassan, amenant avec lui cinq ou six cents hommes, reste de son armée, et destinés à soutenir et à fortifier les prétentions de son père vis-à-vis de l'iman de Taaz et des divers chefs qui s'étaient joints à lui. Je descendis dans la plaine pour être témoin de l'arrivée de cette bande et de leur jeune chef, qui, avant de se rendre auprès de son père, alla dans la ville présenter ses hommages à l'iman Il était monté sur un cheval, précédé comme à l'ordinaire par la longue lance caractéristique de sa dignité, et derrière lui marchaient trois à trois les soldats qu'il amenait, ayant leurs timbales en tête, s'avançant avec gravité comme s'ils allaient à une cérémonie funèbre, et chantant sur un air fort triste, pour mes oreilles du moins, les louanges de leur chef. Ils étaient chargés des produits de leur pillage sur la route, de poules, de moutons, de gerbes de blé, de régimes de bananes, etc.; à la suite venaient quelques chameaux portant les bagages, qui consistaient principalement en ustensiles de cuisine; des vaches, probablement volées, suivaient aussi; et le tout ensemble, joint aux figures sauvages des soldats, à leurs habits déchirés, à leurs lances et à leurs antiques fusils, ressemblait assez au passage d'une bande de Bohémiens tels que les a dessinés Callot.

Les soldats n'entrèrent pas dans la ville; mais arrivés devant la porte, ils firent une décharge de leurs fusils. Le cheikh Càsem alla saluer l'iman, puis revint auprès de son père, où j'eus le plaisir de le voir à genoux, c'est-à-dire assis sur ses talons, contrit, sérieux, et affectant un air de sagesse et de gravité qui contrastait avec les souvenirs un peu trop joyeux que j'avais de lui. Cette vue me donna une envie de rire dont il s'aperçut et qu'il tâcha de réprimer en me suppliant du regard de ne pas le trahir. Je n'eus plus, au reste, aucun rapport avec lui, si ce n'est que je fus importuné par les sollicitations qu'il me faisait faire pour obtenir ma bague, et auxquelles, comme je l'ai dit, je finis par céder pour m'en débarrasser.

Le cheikh Càsem avait amené avec lui deux personnages que j'avais déjà connus à Cahim, dont je n'ai pas encore parlé, mais qui méritent cependant une mention à cause de leur caractère et de leurs fonctions, qui peuvent ajouter quelques traits à la peinture de ce pays. L'un d'eux était un certain cheikh Husseïn, chef d'un des villages des environs de Cahim; c'était un homme jeune encore, dont les formes élégantes et la noble physionomie offraient un parfait modèle de beauté masculine. Il

ne portait pour tout vêtement qu'une serviette autour des reins et une ceinture en cuir à travers
laquelle il passait une djembié à fourreau enrichi
de corail et de pierres grossièrement travaillées,
don du cheikh Hassan, dont il était en quelque
sorte le spadassin. Connaissant sa bravoure et son
dévouement, Hassan le chargeait de l'exécution
de ses vengeances et des mauvais coups qui pouvaient être nécessaires à ses fins, et déjà, disait-
on, Hussein avait eu plusieurs occasions d'exercer
ce digne emploi. Ce n'en était pas moins un très-
bon compagnon, très-beau à voir et d'une société
fort amusante.

L'autre personnage était le naquib Aly (si je
n'ai pas oublié son nom), principal officier du
cheikh et commandant la milice du pays lorsque le
cheikh jugeait à propos de la rassembler. Cette milice se nommait Cabaïle, mot qui est proprement
le pluriel de Cabylet, tribu, mais qui dans l'Yémen
s'emploie aussi comme singulier, Cabaïle voulant
dire un homme du pays, un paysan. Le naquib
Aly était un homme grave et religieux, de qui le
cheikh Càsem se cachait avec le plus grand soin,
et c'était quelquefois une comédie amusante de voir
les efforts que faisait Càsem lorsqu'il était surpris,
pour paraître avoir sa raison. Quoique soumis au
cheik Hassan, et très-dévoué à ses intérêts, ce naquib était cependant lui-même un homme très-

puissant par son influence sur la population indigène, et il possédait sur la crête de la chaîne
orientale de Ouadi-Heidan une petite forteresse
que par sa position on disait tout aussi imprenable
que celle de Maammara. Ce fut le seul des habitants qui parut avoir quelques préjugés contre les
Européens, et quoique, par déférence pour son
maître, il me traitât avec égard, il évita toujours
avec soin toute espèce de liaison avec moi, et je ne
pus jamais parvenir à dérider son visage sombre,
chose très-facile avec ses compatriotes, dont le caractère est gai et sociable.

La négociation entre le cheikh Hassan et l'iman
de Taaz se continuait activement; mais ils ne pouvaient s'entendre, à ce qu'il paraît, sur les conditions; plusieurs accords avaient été faits et jurés
même en grande cérémonie sur le Masallé, espèce
d'enceinte ruinée placée hors de la ville, où l'iman
venait le vendredi faire la prière publique, mais
toujours ils étaient rompus, et de nouvelles difficultés surgissaient. Fatigué de prétentions sans
cesse renaissantes, et surtout de la vie pénible qu'il
menait à Ouàdi-Sina, privé de son harem et importuné le jour et la nuit par les visites des chefs,
au point que pendant plus de quarante jours qu'il
y passa, il lui fut impossible certainement de dormir deux heures sur vingt-quatre, le cheikh Hassan prit la résolution de quitter les environs de

Taaz et d'aller à Cahim, espérant que cette marque d'impatience, jointe au besoin qu'on avait de
sa coopération, ferait quelque effet sur les confédé-
rés, et lui donnerait le moyen de négocier avec plus
d'avantage et surtout plus de tranquillité pour lui.
Il me fit en conséquence avertir secrètement de me
tenir prêt à partir.

Effectivement, peu de temps après, on m'éréveilla
la nuit pour m'avertir que le cheikh venait de dé-
camper subitement avec toutes ses troupes. Il n'é-
tait resté dans son camp que quelques maraudeurs;
persuadés que mes caisses contenaient son trésor,
ils montèrent au village de Djennât, et me dirent
que l'on avait amené en bas des chameaux pour
emporter mon bagage, et qu'il fallait le descendre.
Au premier bruit du départ du cheikh, les habitants sachant tous ce qu'ils avaient à craindre de la
part de ces bandes de pillards, avaient pris leurs
armes, et au milieu de l'obscurité, car l'aurore
commençait à peine à poindre, on pouvait distinguer sur les terrasses de tous les villages de la vallée, les mèches allumées des fusils dont le vent
emportait des étincelles, et indiquant que partout
on s'était préparé à la défense. Shamsân et Ezzé
répondirent aux soldats qu'ils ne se fiaient pas à
eux; qu'étant leur hôte, ils étaient responsables
de ma sûreté, et ne me laisseraient partir que sur
un ordre du cheikh prouvant que leur demande

n'était pas un piége. Je crus plus prudent, et j'appris plus tard du cheikh lui-même que j'avais bien fait, de suivre leur conseil et de rester au village malgré les instances et les menaces de ces soldats, qui paraissaient prêts à employer la violence pour me forcer à descendre avec eux. Enfin les maraudeurs virent avec inquiétude les préparatifs de résistance que l'on faisait de toutes parts, et l'arrivée des habitants des autres villages qui, avertis par les cris des femmes, accouraient, selon l'usage, pour repousser l'ennemi commun. Ils se retirèrent alors, et après une scène très-pittoresque et très-animée, nous laissèrent tranquilles. Mes inquiétudes cependant ne cessèrent pas complètement, car si je n'avais rien à redouter pour ma sûreté personnelle de la part des habitants de la montagne, qui tous me connaissaient, j'avais toujours à craindre pour mes collections, fruit de beaucoup de peines et de fatigues, car le village pouvait à chaque instant être attaqué par les ennemis du cheikh Hassan, attirés par la prétendue valeur de mon bagage, ou même par ses propres soldats, ce qui m'aurait forcé à fuir à Haguef, où j'aurais été en sûreté, mais où il n'aurait pas été possible de transporter mes lourdes caisses. Aussi la plus grande partie de la journée se passa-t-elle dans une anxiété assez vive, contrastant singulièrement avec la paix tranquille qui l'avait précédée.

Heureusement le cheikh Hassan, au milieu de

ses préoccupations, ne m'avait pas oublié, et il me
fit bientôt voir la vérité de ce que m'assurait Ezzé,
que jamais il n'abandonnait un homme sous sa
protection. Dans l'après-midi, nous vîmes monter
au village quelques soldats, que les habitants se pré-
paraient à recevoir à coups de fusil, lorsque nous
reconnûmes parmi eux deux officiers du cheikh, qui
venaient de sa part avec quelques soldats, pour rester
auprès de moi jusqu'au moment où l'on pourrait
trouver des chameaux pour transporter mes effets.
L'alarme répandue dans les environs fit que les habitants ne voulurent pas nous en louer, et l'on fut
obligé d'en faire venir de fort loin; le troisième
jour on parvint à s'en procurer, et je pus, non
sans regret, partir de Djennât.

Pour retourner à Cahim, où s'était retiré le
cheikh Hassan, je suivis la même route que j'avais
prise en venant; je traversai d'abord la plaine de
Taaz, dans laquelle rôdaient des bandes de soldats
attendant mon passage, mais l'escorte qui m'ac-
compagnait, et la crainte de s'attirer plus tard la
vengeance du cheikh Hassan, me préservèrent de
leurs attaques, et je pus passer, tout en entendant
quelques injures et le sifflement de quelques balles
tirées probablement pour nous faire peur. Partout
sur notre passage nous trouvâmes les habitants des
villages sous les armes, faisant la garde, mèche
allumée, sur les toits de leurs maisons; car le départ

subit du cheikh et l'incertitude des événemens qui allaient suivre avaient alarmé tout le monde. Nous nous arrêtâmes pour passer la nuit à un grand village, où nous fûmes obligés de nous emparer presque de vive force d'un gîte pour coucher, les habitants refusant de me recevoir chez eux, à cause de la crainte que leur donnait mon escorte, dont la tournure n'était pas propre à inspirer la confiance, et ne voulant pas croire qu'aussi bien accompagné je consentisse à leur payer tout ce qu'ils me fourniraient.

Enfin le lendemain matin j'arrivai à Cahim, où je me retrouvai en sûreté auprès du cheikh Hassan, qui s'amusa beaucoup du récit de mes inquiétudes au sujet de mes plantes. Je passai encore quelques jours auprès de lui, assistant à toutes les conférences qu'il avait avec les envoyés de l'iman de Taaz; car, conformément aux prévisions du cheikh, l'iman le suppliait de revenir, démarche qu'il ne voulait pas faire, à moins que chacun des chefs ne lui envoyât des otages pour répondre de sa bonne foi et de sa sincère volonté d'exécuter les conventions qu'ils feraient. Il finit par obtenir ce qu'il désirait, car j'appris qu'après mon départ il avait reçu les otages, et que, selon son usage, il les avait fait mettre aux fers et envoyés à son château de Maammara.

CHAPITRE XI.

J'avais trouvé à Cahim mon ancien logement
occupé alors par les femmes du cheikh, qu'il s'é-
tait empressé de faire venir. J'avais en conséquence
été obligé de m'établir dans une petite chambre
auprès de celle de Hassan; cela ne me permettait pas de goûter un instant de repos, et je ne
pouvais sortir à cause de la présence des soldats
campés aux alentours. Chaque jour ils avaient des
querelles avec les habitants, qu'ils voulaient piller
et qui se rassemblaient pour se défendre; aussi,
ayant à peu près recueilli tout ce qu'il était possible
de trouver en cette saison dans les montagnes, je
pris la résolution de descendre à Moka pour y
attendre le printemps. Le cheikh Hassan ne voulut
pas me permettre d'y aller par la route directe,
sur laquelle il ne pouvait répondre de ma sûreté,

et je fus obligé de retourner à Hais, pour ne pas sortir de son territoire. Après l'avoir remercié de son efficace protection et de sa généreuse hospitalité, et lui avoir donné un de mes fusils à piston qu'il avait paru désirer, je pris congé de lui et quittai Cahim. Pour le transport de mes effets, on fut obligé de louer des chameaux appartenant à des soldats, qui, quoique ce fût pour le compte de leur maître, se montrèrent d'une exigence insolente qui ne témoignait pas en faveur de leur soumission et de leur discipline, mais enfin nous pûmes nous mettre en route après maintes difficultés.

Après avoir traversé plusieurs rangées de vallées et de montagnes, je descendis dans la vallée de Heidan, ombragée dans beaucoup d'endroits par des arbres superbes, et presque partout bien arrosée et cultivée ; je passai au pied de la montagne au sommet de laquelle étaient le village et le château appartenant au naquib Aly, et bientôt après on me montra une ruine qui inspirait au cheikh Hassan une crainte superstitieuse telle, que jamais il ne passait dans cet endroit, persuadé que s'il le faisait, il perdrait son bonheur et sa puissance. Bien après le coucher du soleil, nous nous arrêtâmes, pour la nuit, à un petit village nommé Oude, où nous arrivâmes exténués de fatigues et n'ayant rien mangé dans la journée, parce que mes domestiques, avec une incurie toute égyptienne, avaient négligé de faire en partant quelques provisions. Je ne trouvai pour souper, dans cet endroit, qu'un morceau de pain de maïs, et fus d'autant plus heureux d'en repartir le lendemain matin, que nous allions entrer dans le Tehama et sortir des endroits où la turbulence des soldats pouvait nous inspirer quelque crainte. Ils nous en donnèrent une nouvelle preuve à Hamara, car ceux dont les chameaux portaient mes effets, quoiqu'ils eussent été payés pour aller jusqu'à Hais, refusèrent d'aller plus loin, et voulurent même être payés de nouveau ; exigence à laquelle ils renoncèrent cependant promptement, quand ils virent que nous ne voulions pas céder, et que les habitants étaient déterminés à nous appuyer. Ils laissèrent donc mes effets à Hamara, et retournèrent dans leurs montagnes.

Je restai quelques heures dans ce village pour laisser passer un violent orage et chercher d'autres chameaux. Ne pouvant en trouver, et sachant que mon bagage était en sûreté dans cet endroit, je pris le parti de l'y laisser et de retourner à Hais, où j'arrivai au commencement de la nuit le dernier jour de décembre, et où je m'établis dans mon ancienne maison, à la grande joie de mes Égyptiens, qui, après trois mois de courses fatigantes, se retrouvaient enfin en pays de plaine.

Je ne puis m'empêcher, en finissant cette relation de mon excursion dans les montagnes de l'Yémen, d'exprimer ma reconnaissance envers le cheikh Hassan pour la bienveillante protection dont il se plut à favoriser mes recherches. Depuis le moment où j'arrivai à Hais jusqu'à mon retour à Moka, il voulut subvenir à toutes mes dépenses et payer tous les frais de transport assez considérables que causait mon pesant bagage. Lorsque les circonstances le forcèrent de quitter subitement le mont Saber et de me laisser en arrière, il n'oublia rien pour pourvoir à ma sûreté un peu compromise, et lorsque ses officiers et ses soldats m'eurent ramené auprès de lui, il leur distribua, m'assura-t-on, quatre cents thalaris pour les récompenser de leurs peines. Je regretterai toujours que mes conseils n'aient pas eu assez d'influence sur lui pour l'engager à se méfier de la perfidie des Turcs. J'ai appris en effet, depuis mon départ de l'Yémen, qu'après s'être aidé de son secours pour s'emparer de Taaz, Ibrahim-Pacha lui avait fait la guerre, et que, redoutant sa puissante influence dans le pays, il l'avait fait lâchement assassiner dans une conférence qu'il lui avait proposée.

D'après le récit qu'on vient de lire, on voit que si je n'ai pu pénétrer bien avant dans l'intérieur des montagnes, mes recherches ont au moins porté sur des points qui n'avaient pas été explorés avant moi. Forskall en effet et ses compagnons avaient suivi le fond de la vallée et la route qui mène à Taaz, tandis qu'en allant au mont Saber j'ai presque toujours marché dans les chaînes qui la bordent, et me suis arrêté sur leurs principales sommités. J'ai eu aussi l'avantage de pouvoir faire un assez long séjour sur le mont Saber, le plus élevé peut-être de cette partie de l'Arabie; il faut remarquer enfin que l'époque de mon voyage est différente de celle pendant laquelle l'illustre botaniste danois a parcouru le même pays, ce qui rend raison du nombre de plantes différentes que j'ai rapportées, et peut faire espérer que l'on possède à présent une flore à peu près complète de l'Yémen.

Dès mon retour à Hais, j'envoyai un messager à Hodeida, pour prendre de l'argent chez mon fondé de pouvoir, le cheikh Abou-Becr-Cahtân, la somme que j'avais emportée avec moi en partant étant épuisée. En attendant qu'il revînt, je me vis dans la nécessité d'emprunter une petite somme au cheikh Aly, l'un des fils du cheikh Hassan, auquel celui-ci avait laissé le commandement de Hais pendant son absence : il me la prêta sans difficulté, et de plus, ayant su que j'avais laissé mes effets à Hamara, il fit immédiatement rassembler quelques chameaux et les envoya chercher.

Le cheikh Aly était un jeune homme presque noir à cause du sang de sa mère, et détesté des habitants à cause de la dureté de son caractère ; pour moi, je n'eus à me plaindre que de sa trop grande générosité. Lorsque l'argent que j'avais envoyé chercher fut arrivé, je voulus lui payer ma dette ; mais il prit mon offre pour une insulte, m'assura qu'il serait déshonoré (que son visage deviendrait noir, expression singulière de sa part) s'il acceptait un remboursement ; que c'était l'argent de son père, qui jamais n'avait repris ce qu'il avait donné ; enfin pour concilier nos exigences et satisfaire à la fois son amour-propre et le mien, je dus renoncer à lui rendre son argent, mais je le distribuai à ses gens.

Il me restait à m'acquitter envers deux de mes compagnons : mon hôte Shamsân était venu m'accompagner jusqu'à Hais, où le changement d'air lui causa la fièvre ; dépaysé, malade, il passa le peu de jours pendant lesquels j'attendis l'argent que j'avais envoyé chercher, à se lamenter et à pleurer en pensant à son village natal et à ses enfants, qu'il se reprochait amèrement d'avoir quittés ; je me hâtai de le renvoyer chez lui avec un habillement complet, quelques étoffes pour ses filles, et quelques thalaris, qui contribuèrent à son rétablissement. Quant à Ezzé, dont la société m'avait été si agréable et si utile, il avait déjà reçu du cheikh Hassan, pour prix de ses soins, une assignation sur un village ; j'y ajoutai cent cinquante francs et quelques bagatelles, dont il parut content, ou tout au moins très-reconnaissant.

N'ayant plus rien à faire à Hais, je me disposai à partir pour Moka; mes effets furent envoyés dans cette ville aux frais du cheikh Hassan. Quant à moi, avant de m'y rendre, j'allai avec Ezzé passer un jour à une plantation de dattiers qu'il avait sur le bord de la mer, à quelques heures de Hais. Pour y arriver, nous traversâmes des plaines arides et sablonneuses où nous ne rencontrâmes qu'un misérable café sur la route de Zebid à Moka, et après cinq heures de marche d'autant plus fatigantes pour moi que je commençais à ressentir les premiers symptômes de la fièvre, nous arrivâmes à un grand jardin, appartenant à Ezzé, planté sur le sable au bord de la mer, dans un endroit nommé El-Ghandja, où probablement la rivière de Hais, après s'être perdue sous les sables, reparait au moment où elle atteint le niveau de la mer, car l'eau que l'on trouve en creusant d'un pied ou deux est douce, même à quelques pas du rivage, et dans des points recouverts par la marée montante.

Par un goût aussi remarquable chez les Arabes que son caractère lui-même, Ezzé avait la passion du jardinage; son jardin était régulièrement planté, tenu avec une propreté presque anglaise, et il aimait à y rassembler toutes les plantes qu'il pouvait se procurer; pour augmenter sa collection bota-

nique, il avait eu soin, pendant notre voyage dans
les montagnes, de recueillir des graines de toutes
les plantes remarquables qu'il voyait, afin d'en
propager la culture, tentative qui probablement ne
lui réussit pas. Parmi ses raretés, Ezzé me montra
le seul cocotier que j'aie rencontré dans l'Yémen,
quoique la nature des plaines paraisse très-favorable
à la culture de cet arbre précieux. Outre l'intérêt
qu'il offrait à cause de sa singularité dans un pa-
reil pays, le jardin était encore décoré par des cabanes de diverses formes, très-simplement, mais
très-joliment construites avec des troncs et des
branches de palmiers, en sorte que l'ensemble offrait au premier abord l'aspect du Jardin des
Plantes de Paris; tout autour était une vaste plantation de trois mille dattiers appartenant aussi à
Ezzé. Lors de la saison des dattes, il invitait tous
ses amis et beaucoup des habitans de Haïs, à venir passer quelque temps chez lui. Les visiteurs se
logeaient soit dans les chaumières du jardin, soit
dans des huttes de branches de palmiers formant
un petit village situé tout auprès, mais désert à
l'époque où je m'y trouvais, et y vivaient aux dépens
des palmiers, dont jamais Ezzé ne vendait la récolte, générosité tout-à-fait arabe, et bien en harmonie avec le reste de son caractère.

Je pus remarquer dans cet endroit combien le
dattier, comme presque tous les palmiers, pousse

avec vigueur dans des terrains salés. Sur la route
de Moka on en trouve qui croissent et donnent des
produits très-abondants sur un sol couvert d'une
croûte de sel assez abondante pour servir aux usages des habitants. J'appris aussi d'Ezzé que le vent
est favorable à la végétation du dattier, et que plus
les vents sont violents et fréquents, plus les dattes
sont abondantes et belles; enfin, j'ai pu vérifier le
fait singulier déjà observé par Forskall, que les
dattiers sont attaqués dans l'Yémen par une espèce
de fourmis qui les ferait périr si, chaque année,
on n'apportait des montagnes et ne suspendait pas
à leur sommet des bûches d'un arbre que je ne
connais pas, et qui contiennent les nids d'une
autre espèce de fourmis qui détruit celle du dattier.

Ezzé, très-heureux de faire admirer son jardin
à un Européen, ce qui ne lui était pas encore arrivé, m'en fit les honneurs et me traita du mieux
qu'il put, quoiqu'il eût la fièvre, dont je commençais aussi à sentir des approches, ainsi que deux de
mes domestiques. Ces exemples, ainsi que celui de
Shamsân, peuvent montrer combien, après un séjour dans l'air pur des montagnes, l'air des plaines
est dangereux. La maladie d'Ezzé lui fournit l'occasion de me donner une preuve de sa fidélité à
observer les préceptes de sa religion, qui m'étonna
d'autant plus qu'elle n'était pas nécessaire. C'était

le mois de Ramadhan, et malheureusement il avait oublié de boire avant l'aurore pour le reste de la journée. La fièvre lui avait donné dès le matin une soif ardente qu'il refusa toujours de satisfaire jusqu'au soir, quoique le Coran permette aux malades et aux gens en voyage de rompre le jeûne; mais il ne se croyait ni assez malade ni assez en voyage pour transiger avec sa conscience. Je remarquai aussi que pendant le Ramadhan il s'abstint de se teindre les paupières avec le kohl, parce qu'une très-petite quantité de cette poudre noire passe dans les narines par les conduits des larmes, et peut être avalée avec la salive; c'était pousser le scrupule un peu loin, et cependant jamais pendant trois mois qu'il passa avec moi il ne laissa paraître la moindre trace de fanatisme, jamais il ne m'a fait une question sur ma religion, et jamais je ne lui ai entendu exprimer du mépris pour les croyances des autres. Cette tolérance ne lui était pas, au reste, particulière, et j'ai trouvé la même qualité chez tous ses compatriotes.

Après avoir passé la nuit sous les palmiers, je partis avant le jour d'El-Ghandja, et suivant le bord de la mer, j'arrivai vers dix heures à Moushié, que Niebuhr nomme Moushid, je ne sais pourquoi, car le nom se termine par un hamza et non par un d. C'est un village assez considérable dans lequel il y a une mosquée et quelques maisons blanchies

à la chaux, mais un bien plus grand nombre de cabanes de branches et de chaume. Quoiqu'il n'y ait
plus de port, ce qui n'est pas étonnant sur une côte
aussi sablonneuse, il est possible que cet endroit
soit le Musa des anciens, où les marchandises apportées par terre de Cana, près d'Aden, pour éviter le dangereux passage du détroit, étaient em-
barquées de nouveau pour continuer leur route
vers les parties septentrionales de la mer Rouge.
On voit aux environs beaucoup de monticules de
sable recouverts par les plantes du bord de la mer,
qui généralement en orient indiquent l'emplace-
ment d'anciennes constructions.

Nous trouvâmes à Moushié un bataillon de
troupes régulières du pacha d'Égypte se rendant à
Abou-Arish, et leur vue fit un immense plaisir à
mes domestiques égyptiens, qui revoyaient enfin des
compatriotes, plaisir auquel j'avoue n'avoir pas été
moi-même insensible, car depuis long-temps l'É-
gypte était pour moi presque une seconde patrie. Je
ne restai dans cet endroit que quelques heures em-
ployées à dépouiller une hyène que l'on m'avait
amenée vivante à Hais au moment de mon départ,
et que j'avais fait tuer et envoyer en avant. Ces
animaux sont très-communs dans l'Yémen, et les
habitans les prennent au moyen de fosses recouvertes sur lesquelles ils mettent un animal mort.
Quand une hyène est tombée dans la fosse, ils la

tuent à coups de lance, ou s'ils veulent l'avoir vivante, ils sautent après elle, armés d'une fourche
avec laquelle ils lui prennent le cou, qu'ils main-
tiennent contre terre pendant qu'un autre bâillonne
l'animal en lui passant dans la gueule un bâton
qu'on lui attache derrière la tête. C'est ainsi qu'on
avait amené celle que j'avais fait prendre à Hais,
et qui me coûta cinq francs.

Voulant faire un présent agréable à l'homme
qui m'avait prêté sa maison pour m'y arrêter pendant les quelques heures que je passai à Moushié,
je lui donnai, à la demande d'Ezzé, un paquet de
branches de cât que j'avais avec moi, et d'autant
plus précieux pour lui qu'il en vient rarement dans
cet endroit écarté de toute route fréquentée : il me
remercia en me baisant la main et les genoux,
comme si je lui avais ouvert les portes du paradis.
Je fis ensuite avec regret mes adieux à Ezzé, qui retourna à Hais, et je continuai ma route le long de
la mer, dans des plaines sablonneuses ou salées
que les Arabes nomment khabt, extrêmement en-
nuyeuses à traverser et désolantes à voir. Forcé par
la fatigue et la fièvre, je m'arrêtai un moment dans
un café établi dans un trou creusé en terre et re-
couvert de branches, et après le coucher du soleil
j'arrivai dans un village où je passai la nuit, pendant laquelle la fièvre ne fit qu'augmenter, et le
lendemain, après une marche de six heures qui me

parut un siècle de souffrances; j'arrivai presque mourant à Moka.

Cette ville est aujourd'hui bien déchue de son ancienne importance: les guerres civiles qui ont désolé l'Yémen et la misère générale qu'elles ont causée, jointes au monopole du café imposé par le pacha d'Egypte, ont tari les sources de sa prospérité, en diminuant d'un côté l'importation des marchandises extérieures, et de l'autre l'exportation de ses propres produits. Il s'y fait encore cependant un assez grand commerce, parce que, malgré la rivalité de Hodeïda, elle est restée le principal entrepôt du café et des marchandises qui, venant de l'Inde ou de l'Afrique, se distribuent ensuite dans l'Yémen et dans les pays adjacents. Je ne puis décrire longuement cette ville, dont je ne connais presque que l'air malsain et l'eau détestable, désavantages causés par les environs marécageux et salés, et que je quittai après trois mois de maladie pour tâcher de retrouver la santé à Hodeïda, dont le climat est beaucoup moins pernicieux.

Je terminerai ici cette relation de mon voyage, et y ajouterai seulement quelques détails sur les particularités physiques et géographiques de cette partie de l'Arabie.

CHAPITRE XII.

Considérations générales. — Caractères physiques du Tehama. — De la mer Rouge. — Des montagnes. — Climat. — Hauteur approximative du mont Saber. — Population. — Langage. — Différence entre les Yémenites et les autres Arabes.

Dans l'Yémen, comme dans toute l'étendue de la côte arabique, il y a entre la chaîne des montagnes et la mer une bande de terrain plat, généralement très-bas, dont la largeur varie ; elle est quelquefois de quatre ou cinq lieues, et quelquefois nulle, comme on peut le remarquer sur quelques points de la côte entre Suez et Tor, et, dans l'Yémen, entre Comfonda et Loheia. Ce terrain plat s'appelle en général Tehama, mais les parties salées, incultes et désertes se nomment particulièrement Khabt. Le sol est formé par un terrain de transport où l'on voit quelquefois des collines calcaires formées d'une roche très-récente dans laquelle, à une hauteur souvent considérable, on trouve beaucoup de corps organisés fossiles, semblables à ceux que l'on rencontre encore actuellement dans la mer Rouge. Quoique moins peuplé que les montagnes, le Tehama contient cependant

plusieurs villes assez importantes, telles que Abou-
Arish, Beit-el-Fakih et Zebid, sans parler de celles
de la côte. Il y a aussi entre ces villes des villages
assez nombreux, mais généralement petits et com-
posés seulement de cases couvertes de chaume; les
habitants, en général agriculteurs, cultivent le sol,
qui est très-fertile dans beaucoup d'endroits et
produit de l'indigo, du blé, du doura, des cannes à
sucre, etc. Quelques parties, au contraire, sont désertes et incultes, le terrain en étant stérile; ce
qui a lieu non seulement dans les parties salées
voisines du bord de la mer et entourant Moka
qui ne produisent que des plantes salines propres à la fabrication de la soude, ou des dattiers
sur le rivage même, mais encore dans les localités
où il est impossible d'amener de l'eau, les pluies
n'étant généralement pas assez abondantes pour
permettre à la culture de se passer d'une irrigation
artificielle. C'est dans ces endroits seulement que
l'on trouve quelques Arabes nomades dont aucun
ne se voit dans les montagnes.

Comme je l'ai déjà dit, il n'y a pas de rivière
permanente dans le Tehama, tous les ruisseaux qui
descendent des montagnes se perdent en y entrant,
et ils n'arrivent à la mer que lorsqu'ils sont gonflés
par les pluies; cela est vrai même pour le ouâdi
Zebid ou torrent de Zebid, le plus considérable de
tous, qui cependant est à sec pendant la saison

sèche. Ce caractère est commun à toute l'étendue
de la côte arabique, où il n'y a, à ma connaissance,
de ruisseaux parvenant constamment à la mer que
les sources chaudes ou minérales, nommées sources
de Moïse, prés de Suez ; celles des bains de Moïse,
prés de Tor ; et les sources beaucoup plus chaudes et plus considérables des bains de Pharaon,
Hammâm Faraoun, qui descendent du promon-
toire de ce nom entre Suez et Tor. Pour suppléer
à ce manque d'eau pendant une partie de l'année, les habitants ont creusé des puits souvent
très-profonds dont l'eau est assez bonne et assez
abondante pour servir quelquefois aux irriga-
tions.

La portion de la mer Rouge qui baigne l'Yémen
a quelques traits différents de ceux des parties septentrionales : à partir de Djedda, les récifs de ma-
drépores, si nombreux plus au nord, deviennent de
plus en plus rares, et sont remplacés par des
bancs de sable tout aussi nombreux, dont quelques-uns sont couverts d'arbustes et même ha-
bités, comme l'est l'île de Camaran, un peu au
nord de Hodeida, où l'on trouve de l'eau excellente :
pour cette raison, le gouvernement anglais avait
jeté les yeux sur cette île pour y fonder un dépôt
de charbon de terre, projet abandonné depuis par
suite d'événements bien connus. Quelques-unes de
ces îles cependant sont d'une nature toute diffé-

rente et évidemment volcaniques; de ce nombre est l'île nommée Djebel-Tar, en face de Lohéia, où se trouve un volcan qui, il y a peu d'années, était encore en activité, et où l'on exploite du soufre pour le compte du pacha d'Égypte. Il en est de même de l'île de Perim, à l'entrée du détroit de Bâb-el-Mandeb, et probablement de toutes celles qui, dans cette partie, sortent comme des montagnes du sein de la mer.

A l'est du Téhama, il y a dans toute l'étendue de la côte d'Arabie une chaîne irrégulière de montagnes plus ou moins élevées, mais à formes toujours très-pittoresques et très-accidentées, qui séparent le pays de plaine d'un autre plateau beaucoup plus élevé qu'elles, et appelé en général le Nedjd. Cette chaîne se continue dans l'Yémen par une suite de montagnes également irrégulières : partout composées de roches plutoniques ou trachytiques, et par conséquent nulle part stratifiées, elles n'ont pas de système général de direction, mais semblent plutôt ne former qu'une masse confuse. Les vallées qui les séparent sont généralement très-profondes, très-irrégulières, à flancs très-escarpés, et généralement arrosées par des ruisseaux permanents. N'ayant pas d'instruments avec moi, je n'ai pu mesurer la hauteur des divers sommets sur lesquels je suis parvenu ou que j'ai vus; mais beaucoup d'entre eux doivent être certainement plus élevés que le mont

Sinaï, qui, d'après les observations de M. Ruppel, a 8,000 pieds de hauteur. Le sommet le plus élevé que l'on aperçoive de la mer est le mont Rema, près de Beït-el-Fakih; il n'y neige cependant pas, à ce que l'on m'a dit, mais il y gèle fortement pendant l'hiver. Il en est de même du mont Saber, qui, plus élevé que le mont Rema, ne se voit cependant pas de la côte, étant masqué par le mont Habeshi, beaucoup moins haut que lui certainement, mais l'étant assez cependant pour en intercepter la vue. A l'est de ces montagnes est un plateau semblable à celui de Nedjd, et que dans l'Yémen on appelle le pays de Djôf. Moins élevé que les montagnes, il doit être cependant encore à une grande hauteur au-dessus du niveau de la mer, puisque, d'après le témoignage des habitants, on n'y récolte que du blé ou de l'orge, le climat étant trop froid pour la culture du doura.

Les montagnes sont plus peuplées que le Tehama, et, outre de nombreux villages, on y trouve de grandes villes dont les plus importantes sont Taaz et Sana. Cette dernière est la capitale, et elle est célèbre dans toute l'Arabie par l'agrément et la salubrité de son climat, et surtout par les plaisirs de toute espèce dont on peut y jouir et dont les habitants usent largement, si j'en juge par la conduite du cheikh Casem. Je regrette beaucoup que la maladie dont j'ai été atteint m'ait empêché d'aller vi-

siter cette ville curieuse, voyage très-facile alors,
et qui, un mois avant mon arrivée dans l'Yémen,
avait été fait par deux officiers d'une corvette anglaise qui en rapportèrent de curieuses inscriptions
copiées sur une pierre apportée de Mareb, et même
pendant que j'étais à Taaz, par un célèbre mission-
naire protestant, aussi connu par son enthousiasme
que par la singularité, un peu affectée peut-être,
de son caractère.

Le climat de ces deux parties de l'Yémen est
aussi différent que leur nature même. La température, extrêmement élevée dans le Tehama, et le
paraissant d'autant plus que dans les mois d'été il
fait presque toujours calme, devient de plus en plus
fraîche à mesure que l'on s'élève dans les montagnes. La végétation change avec elle ; tout-à-fait
tropicale dans les plaines, elle devient, en montant,
de plus en plus septentrionale, jusqu'à ce qu'enfin,
sur les sommets, on retrouve des plantes de nos cli-
mats. Outre cette différence de température, la saison des pluies n'est pas la même dans les deux parties.
Dans les montagnes, il pleut plus ou moins de puis
les mois de juin ou juillet jusqu'en octobre, selon la
règle des pays intertropicaux. C'est au contraire une
saison presque entièrement sèche pour le Tehama,
où il ne commence à pleuvoir qu'en décembre, et
pendant les mois d'hiver, époque où, au contraire,
les montagnes sont dégagées de nuages. C'est peut-

être la raison pour laquelle il ne tombe pas de neige sur les hautes sommités.

Tels sont les détails que j'ai cru utile de faire connaître sur la route que j'ai suivie, et les faits que j'ai pu observer. Il me serait facile d'en ajouter d'autres, mais je ne ferais que répéter inutilement ce qui a été dit avant moi par Niebuhr, à l'exactitude duquel je puis et dois rendre justice. Je n'ajouterai qu'une observation sur la race humaine qui peuple l'Yémen, parce qu'il me semble qu'elle n'a pas été faite par ce voyageur. Dans tout le Tehama, la population presque noire semble extrêmement mélangée par des populations venues de l'Afrique, et surtout par les Abyssins et les Saumalis ou Berberas, peuples qui, par tradition, se disent descendus de Cush. Non seulement la physionomie, mais même la langue des habitants du Tehama se sont ressenties de ce mélange, car l'arabe qu'ils parlent n'est plus qu'un jargon presque inintelligible même pour les Arabes. Outre beaucoup de mots qui ont évidemment une origine étrangère, leur langage offre encore quelques particularités curieuses; ils terminent presque tous les mots par un o, et au lieu de l'article al se servent de oum, disant ainsi : Oum djemelo, pour dire le chameau. On pourrait croire que cette terminaison fût un reste des anciennes désinences grammaticales actuellement tombées en désuétude, si elle n'était

employée, que dans les cas où régulièrement elle
devrait l'être; mais cela n'est pas, et ils disent, par
exemple : J'ai tué un mouton, *dabakht kharoufo*, ce
qui est contraire aux règles de la langue littérale.
Quant à l'emploi de *oum* pour article, il paraît avoir
été particulier à quelques anciennes tribus arabes.

Dans les montagnes, la population étant beaucoup moins mélangée, est presque complétement
blanche et remarquable par la beauté de ses traits
presque européens ; les femmes surtout, comme je
l'ai dit, sont presque italiennes par les traits et la
couleur. Leurs cheveux sont longs, leurs yeux très-
grands et très-ouverts, et leur nez tout-à-fait ro-
main. Au total, la physionomie des montagnards
de l'Yémen présente une différence notable quand
on la compare à celle du reste des Arabes, et cela
s'accorde assez bien avec la différence d'origine que
la Bible et les traditions arabes leur attribuent, les
Yéménites étant descendus du patriarche Joctan,
et la race qui peuple le reste de l'Arabie étant des-
cendue d'Ismaël, fils d'Abraham et de son esclave,
noire peut-être, Agar. La physionomie plus euro-
péenne et plus race blanche, si je puis m'exprimer
ainsi, des Yéménites est aussi en rapport avec le
plus haut degré de civilisation qu'ils ont atteint,
ce peuple ayant de tout temps vécu en société régulièrement organisée, cultivé la terre, habité des
demeures fixes et fondé un empire dont l'antiquité

et la stabilité ne le cèdent qu'à celles de l'empire chinois, tandis que le reste des Arabes a toujours eu et conserve encore des mœurs nomades et, de la répugnance pour tout ce qui, en l'attachant au sol, pourrait porter atteinte à sa sauvage liberté.

Ce sont les faits qui peignent cette différence que je me suis attaché à décrire, de préférence aux lieux et aux faits matériels, déjà bien connus par le voyage de Niebuhr; et j'espère que ce que j'ai dit servira à la faire comprendre. L'existence presque féodale de ces grands chefs, comme le cheikh Hassan, leurs usages princiers, leur habitude d'entretenir une armée soudoyée, leurs guerres mêmes dans un seul but d'ambition, sont, ainsi que la culture de la terre, l'esprit sociable et le penchant même aux plaisirs, des traits particuliers aux Arabes de l'Yémen, qui ont de commun en outre avec le reste de leurs compatriotes l'esprit de générosité et d'hospitalité, le penchant à la discorde et le besoin de la vengeance, qui entraîne l'habitude des guerres de famille.

Je finis par une seule remarque sur le caractère des Arabes en général, qui ressort de ce que j'ai raconté, et que je crois utile et importante à connaître dans les relations que l'on peut avoir avec eux. La bonne foi dont ils se vantent, et que quelques enthousiastes de l'Arabie leur accordent trop facilement, n'existe chez eux que dans les rapports particuliers, et jamais dans les rapports politiques. On peut se fier sans crainte à leur foi, au Zimmet el Arab, comme ils l'appellent, lorsqu'ils vous ont promis leur protection; mais jamais leur fidélité à observer leurs engagements ne s'étend à ce qui touche leur ambition et les intérêts de leur pouvoir. Pour eux, abandonner ou tromper un individu qui se livre à leur générosité, serait une honte; mais tromper un rival en puissance et le détruire tout en paraissant le servir avec dévouement, ce n'est pour eux que de la finesse, et la trahison, dans ce cas, ne les déshonore pas et leur paraît toujours permise. L'histoire de tous les temps les a toujours montrés tels, et l'expérience que l'on en fera donnera toujours les mêmes résultats, parce que chez eux c'est un caractère de race qui ne peut s'effacer. Dans le récit que je viens de faire on peut en voir un exemple remarquable dans le cheikh Hassan : cet homme plein de noblesse et de générosité, qui accueille et protége un étranger, veille sur lui au milieu de ses préoccupations personnelles, et paye très-cher son bien-être et sa sûreté, lui qui, dans un but d'ambition, avait assassiné ses plus proches parents, et dans le moment même trahissait sans scrupule un homme qui l'appelait à son aide; il semblait le servir, et cherchait à le livrer à des ennemis au pouvoir desquels il espérait bien succéder. J'en pourrais montrer un autre exemple dans ce grand shérif Mohammed-ben-Aoun, que j'ai cité comme un modèle de distinction et de dignité, mais cela m'entraînerait dans un récit étranger à mon sujet, et j'aime mieux me borner à dire ce que j'ai vu.

FIN.

TABLE.

FIN DE LA TABLE.

Imprimerie de Me Ve Dondey-Dupré, rue Saint-Louis, au Marais.

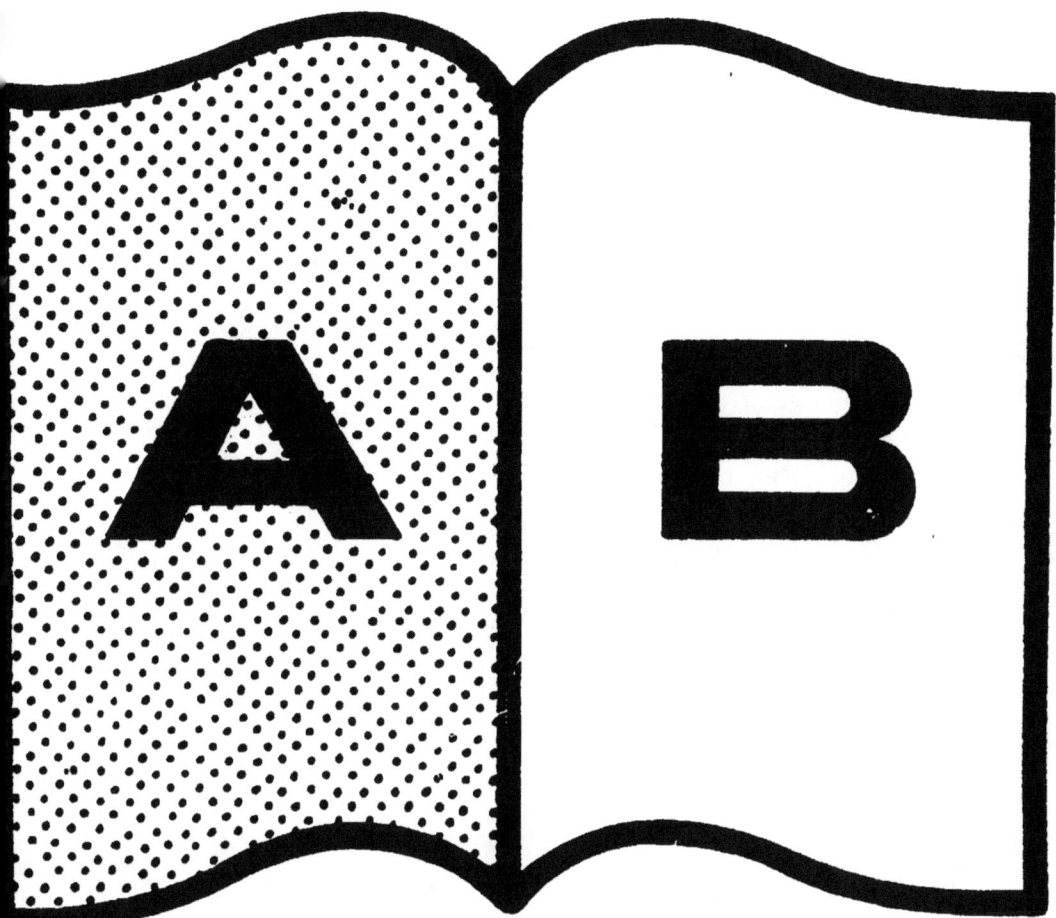

Contraste insuffisant

NF Z 43-120-14

www.ingramcontent.com/pod-product-compliance
Lightning Source LLC
Chambersburg PA
CBHW050025100426

42739CB00011B/2790